ROCK FESTIVAL

MME ZSAZSA

Röcke zu nähen ist überhaupt nicht schwer. Aber das nun zu Papier zu bringen war eine ganz schöne Herausforderung! Nach über 4000 Fotos, einem dicken Ordner mit Zeichnungen, entsprechend vielen Mails und Lachanfällen mit Elza D., halb so viel Schlaf wie sonst, einigen nicht vollwertigen Mahlzeiten und einem zum Bersten mit neuen Röcken gefüllten Kleiderschrank gibt es jetzt das ***Rockfestival****.*

Lassen Sie sich von den Fotos inspirieren, und wer weiß: Vielleicht ist das der Beginn einer wunderbaren Liebe zwischen Ihnen und Ihrer Nähmaschine. Alle Stiche und Techniken sind Schritt für Schritt erklärt, damit auch Sie für sich das eine, einzigartige Stück nähen können.

Viel Spaß!

Mme Zsazsa

INHALT

DER ANFANG VOM ANFANG

WIE VERWENDE ICH DIESES BUCH?

Das Buch besteht aus zwei Teilen. Im ersten Teil lernen Sie nähen. Hier finden Sie Informationen zu Stoff, Nähzubehör, Schnittmustern, zum Stoffschneiden und dem Nähen an sich. Erfahrene NäherInnen können diesen Teil getrost überspringen.
Über das Register ganz am Schluss können Sie die Bedeutung wichtiger Begriffe suchen, die im Buch verwendet werden.
Und für die Mutigen steht auf Seite 145 ein kleiner Test.

WAS MUSS ICH DENN SCHON KÖNNEN?

Nichts! Oder zumindest fast nichts.
Die einzige Voraussetzung ist, im Abstand von 1 cm zur Stoffkante nähen zu können, und da bei jeder Maschine dieser 1-cm-Abstand mit einem Strich markiert ist, kann das ja nicht schwer sein.
Dieser Zentimeter ist die Nahtzugabe, die im gesamten Buch beibehalten wird, es ist also keine schlechte Idee, das ein wenig zu üben. Der Zufall will, dass wir sogar dieses Üben sinnvoll verwenden können! Eine Schürze brauchen wir nicht unbedingt, aber Fixiergewichte sind immer praktisch!
Fixiergewichte?
Fixiergewichte!

Aber zuerst einmal die Nähmaschine. Es ist wichtig, sich die Nähmaschine beim Kauf erklären zu lassen. Achten Sie auch darauf, dass bei der (gebrauchten) Maschine unbedingt ein Handbuch dabei ist. Beides zusammen ist wichtiger als jeder Nähkurs. Probieren Sie die Maschine vor Ort aus, bestücken Sie sie auch mit Spule und Nähgarn und fragen Sie, wie man Knopflöcher arbeitet. Probieren Sie, ob sich verschiedene Stoffarten leicht nähen lassen, nähen Sie vorwärts, rückwärts und im Zickzackstich. Informieren Sie sich, wie man Nadel und Nähfuß austauscht, und fragen Sie, wie oft die Maschine geölt werden muss und wie man das macht. Mehr müssen Sie im Grunde nicht wissen. Weil diese Beratung Gold wert ist, würde ich sogar mit einem begrenzten Budget doch immer in ein richtiges Nähmaschinengeschäft gehen (oft gibt es dort preisgünstige gebrauchte Maschinen), oder werfen Sie einen Blick auf Secondhand-Websites. Eine ältere, solide Markenmaschine näht sicherlich immer besser als ein gleich teures Gerät aus dem Supermarkt. Gute Arbeitsgeräte machen viel aus. Auf der rechten Seite sehen Sie übrigens, was Sie mit Ihrer Nähmaschine fertigbringen sollten.
Wenn Sie noch nicht sicher sind, ob Nähen etwas für Sie ist, schauen Sie einmal bei den vielen Nähclubs oder Nähcafés vorbei.

Gut, wir haben eine Nähmaschine, wir haben schon mal vorwärts und rückwärts genäht, es ist genug Garn auf der Spule und die Nadel ist spitz. Ideale Bedingungen, um mehr über Fixiergewichte zu erfahren und den Nähkurs anzufangen!

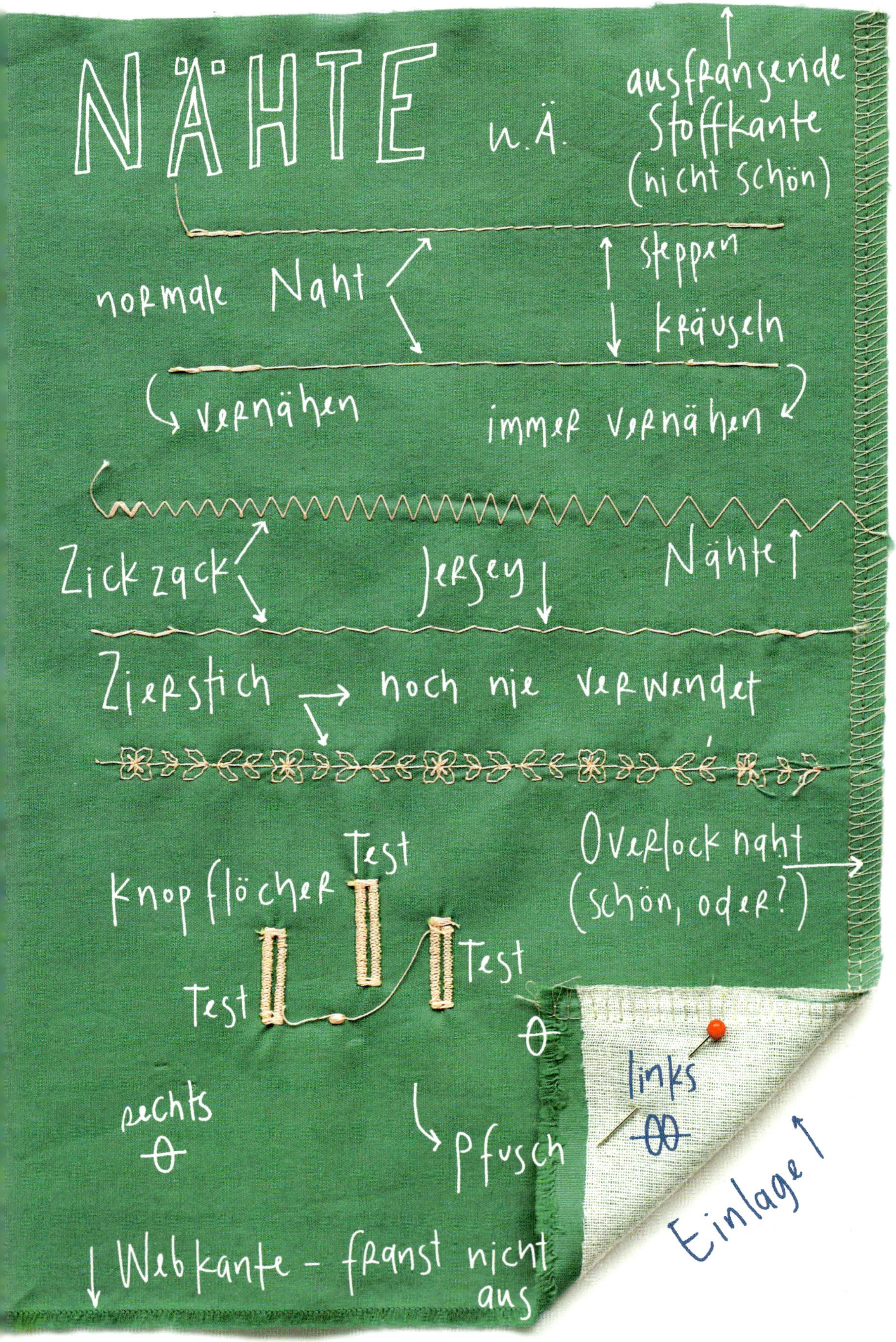
NÄHTE u.Ä.
ausfransende Stoffkante (nicht schön)
normale Naht
steppen
kräuseln
vernähen
immer vernähen
Zickzack
Jersey
Nähte
Zierstich → noch nie verwendet
Knopflöcher
Test
Test
Test
Overlocknaht (schön, oder?)
links
rechts
Pfusch
Einlage
Webkante – franst nicht aus

☆ AUSFÜHRLICHER NÄHKURS, DAUER ETWA EINE VIERTELSTUNDE

1. Pro Fixiergewicht zwei 12 x 12 cm große Stoffstücke zuschneiden und rechts auf rechts aufeinanderlegen.
Die Stoffstücke an die 1-cm-Markierung unter den Nähfuß legen.
Den Nähfuß absenken und anfangen zu nähen, ohne den Stoff zu ziehen oder zu schieben. Am Anfang vernähen☆ und dann bis 1 cm vor der Kante nähen. Dort die Nadel im Stoff steckenlassen, den Nähfuß anheben, die Stoffteile um 90° drehen, den Nähfuß wieder absenken und bis zur nächsten Ecke weiternähen. Nadel im Stoff, Fuß hoch, drehen, Fuß runter und vorwärts. So ringsherum weiterarbeiten und 3 bis 4 cm vor Nahtbeginn anhalten.
Auch hier vernähen und jetzt den Nähfuß und die Nadel hochnehmen. Den Faden möglichst dicht an der Naht abschneiden, dann muss man das später nicht mehr erledigen. Auch die Fadenenden vom Anfang möglichst dicht an der Naht abschneiden.

So, Schritt 1 – den wichtigsten Schritt – haben Sie überstanden. Das brauchen Sie für jeden Rock. Denn was nützt der beste Schnitt, wenn nicht exakt genäht wird?

2. Die vier Ecken bis etwa 2 mm vor der Naht zurückschneiden, das Meisterwerk durch die kleine Öffnung wenden, und die Ecken mit einem nicht zu spitzen Gegenstand durch die Öffnung schön ausformen. Das kommt übrigens noch oft: Ecken zurückschneiden, eine Sache wenden, Ecken ausformen. Alles Dinge, die das besondere Etwas ausmachen! Das angefertigte Säckchen mit Reis, Linsen, Erbsen oder etwas anderem Schweren füllen, was gerade zur Hand ist. Achtung, das Säckchen darf nicht zu voll sein, damit es sich noch gut zunähen lässt. Sie können die Öffnung mit Wondertape zukleben oder direkt mit Schritt 3 weitermachen.

3. Das Säckchen wieder unter den Nähfuß legen, diesmal nicht an der 1-cm-Markierung, sondern etwas näher an die Nadel. Den Nähfuß absenken und das gesamte Säckchen rundherum absteppen☆. Kurz vor der Öffnung beginnen und Anfang und Ende der Naht vernähen.

Mit diesen kleinen Gewichten können Sie von nun an beim Zuschneiden des Stoffs Schnitte an ihrem Platz halten. (Oder Sie machen sie doppelt so groß, füllen sie mit Kirschkernen oder Getreidekörnern, legen sie auf die Heizung und nehmen sie mit ins Bett.)
So, jetzt können Sie nähen, dann machen wir weiter mit dem Rest.

UND WAS HABEN WIR HEUTE GELERNT?

1. Immer sehr exakt die angezeichnete Nahtzugabe einhalten.

2. Ecken dicht an der Naht zurückschneiden und mit einem spitzen Gegenstand ausformen.

3. Die Nähte absteppen, damit sie an ihrem Platz bleiben.

☆ *Vernähen, wie bitte?*
Damit die Nähte nicht aufgehen, wird am Anfang und am Ende jeder Naht vernäht. Dazu machen Sie erst drei Stiche vorwärts, dann drei rückwärts. Die Fadenenden können Sie dann dicht an der Naht abschneiden, ohne dass die Naht aufgeht.

☆ *Absteppen, wie bitte?*
Absteppen bedeutet, eine entweder funktionale oder dekorative Naht zu nähen. Hier werden Nähte durch Absteppen an ihrem Platz fixiert und es ist gleichzeitig ein ordentlicher Abschluss.

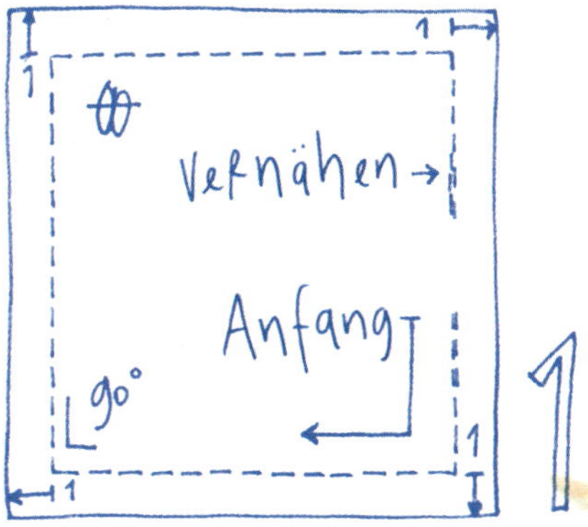

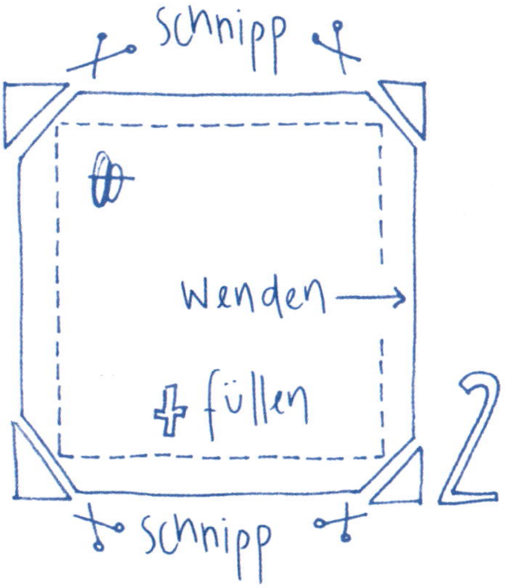

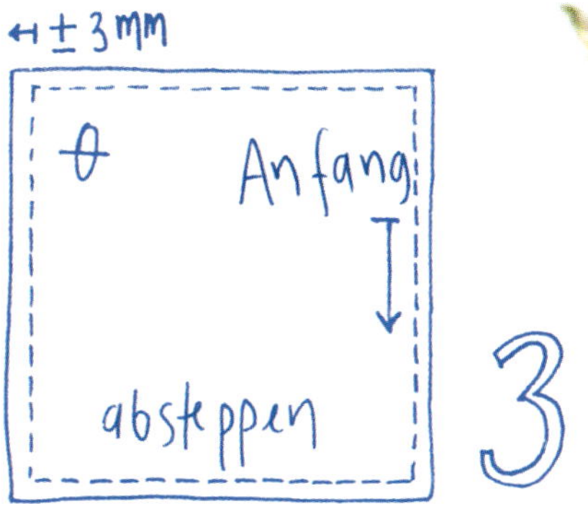

θ = rechts = Vorderseite Stoff
θθ = links = Rückseite Stoff

★★★

DIE REIHENFOLGE BEIM ROCKNÄHEN

★★★

1. Maßnehmen
2. Rock, Stoff und Kurzwaren aussuchen
3. Schnitt aus Papier ausschneiden
4. Schnitt aus Stoff zuschneiden
5. … und zugenäht!

1. MASSNEHMEN

MÄDCHEN

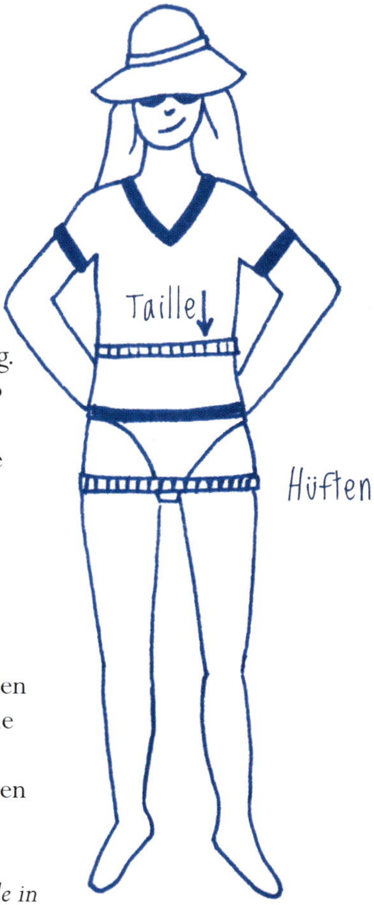

Für einen Rock mit Gummizug, also ohne Reißverschluss, messen Sie locker um die Hüfte, damit der Rock leicht über den Po angezogen werden kann.
Suchen Sie dann in der Größentabelle unter Taillenumfang die entsprechende Größe; diese ist sicher eine oder zwei Nummern größer, als beim Alter angegeben, und viel zu lang. Messen Sie daher von der Taille aus die gewünschte Länge ab und verwenden Sie diese im Schnitt.
Für einen Rock mit Reißverschluss wird locker um die Taille gemessen. Überprüfen Sie auch hier die Länge vor dem Zuschnitt.

FRAUEN

Der Hüftumfang ist nur für den geraden Rock wichtig. Bei den übrigen Röcken ist der Taillenumfang die einzige Zahl, die Sie sich merken müssen, um Ihre Größe zu kennen.
Die Taille am schmalsten Punkt, über dem Bauchnabel, messen und die Hüften an der breitesten Stelle, über dem Po.

Wenn Sie nicht wissen, wo Ihre Taille ist, legen Sie sich die Hände in die Seiten und neigen Sie sich nach links und rechts – wo Ihr Körper sich biegt, da ist die Taille.

SCHNITTE VERLÄNGERN ODER KÜRZEN

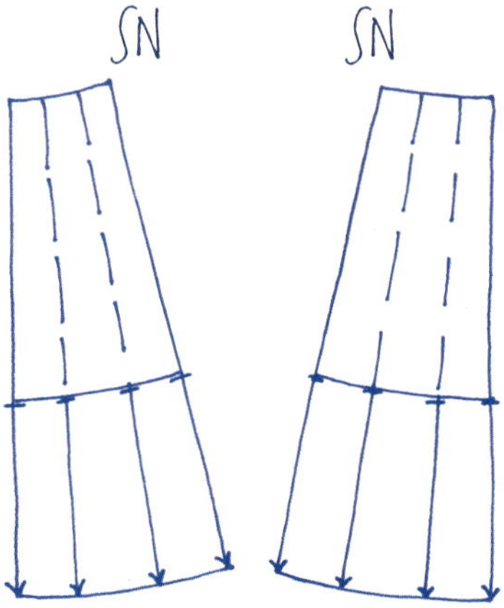

Alle Frauenröcke sind 60 cm lang, die Länge der Kinderröcke entspricht Knielänge.
Bevorzugen Sie längere Röcke, ziehen Sie im Schnittmuster ein paar gerade Linien und verlängern diese um jeweils gleich viele Zentimeter. Gekürzt wird auch mit diesem Verfahren. Ein Geodreieck ist hierbei hilfreich. Kürzen Sie den Rock parallel zur unteren Linie.

BUND

Die Maße in dieser Spalte bezeichnen die Länge des Bunds ohne Nahtzugabe. In der Anleitung sind immer die Breite und die in der Länge anzuzeichnende Nahtzugabe angegeben.

GRÖSSENTABELLE

MÄDCHEN von 2 bis 14 Jahren

Alter	2	4	6	8	10	12	14
Körperlänge	92	104	116	128	140	152	164
Taillenumfang	51	53	55	58	62	66	70
Hüftumfang	54	56	58	62	68	75	83
Rocklänge	26	30	34	38	43	48	53
Bund	52	54	56	59	63	67	71

FRAUEN von Größe 34 bis 46

Größe	34	36	38	40	42	44	46
Taillenumfang	70	74	78	82	86	90	94
Hüftumfang	89	93	97	101	105	109	113
Bund	74	78	82	86	90	94	98

2. ROCK, STOFF UND KURZWAREN AUSSUCHEN

Manche Leute müssen erst wissen, was sie machen wollen, dann gehen sie auf Stoffjagd. Andere Leute kaufen Stoff und sehen dann, was sie irgendwann damit machen. Ich gehöre zur zweiten Gruppe. Praktisch, denn ich habe immer Stoff im Haus und kann mich sofort ans Werk machen. Ich habe auch immer jede Menge Reißverschlüsse, Knöpfe, Paspelbänder, Gummizüge in allen Breiten, Spitzenborten, Bänder, Schrägband und Nähgarn in allen Farben parat. Ich will nicht zu stoppen sein, wenn ich mal losgelegt habe.

Beim Stoff mache ich beim Einkauf die Anzahl der Meter vom Preis abhängig. Ist der Stoff günstig, dann kaufe ich ein paar Meter. Ist er eher teuer, kaufe ich nur einen Meter. Aus einem Meter Stoff bekommt man einen A-Form-Rock, für einen Glockenrock braucht es einen halben Meter mehr und der Glocken-Wickelrock verschlingt am meisten Stoff.

Legen Sie zuerst alle Schnittteile auf den Stoff und fangen Sie erst dann mit dem Zeichnen und Zuschneiden an.

Müssen Sie den Stoff erst noch kaufen, nehmen Sie am besten die Schnittteile mit. Stoffgeschäfte kennen das, und Sie sind sicher, dass Sie genügend Stoff haben.
Kaufen Sie den Stoff, der Ihnen gefällt, aber fassen Sie ihn erst einmal richtig an, im Hinterkopf die Verarbeitung. Soll der Rock kein Futter bekommen, darf der Stoff nicht zu dünn sein. Mögen Sie Borten am Saum, nehmen Sie keine steife Borte für einen weich fließenden Stoff. … und nähen Sie nicht stapelweise Samtröcke für die Reise in den Süden.

NähanfängerInnen lassen am besten die Finger von dehnbaren Stoffen, auch sehr dicke oder sehr dünne sowie seidenartige Stoffe sind nicht immer ganz einfach zu verarbeiten.

Ich arbeite fast ausschließlich mit Baumwolle – sie ist einfach in der Handhabung und lässt sich gut bügeln. Erkundigen Sie sich im Stoffgeschäft nach der Stoffzusammensetzung und fragen Sie, was das für die Verarbeitung genau heißt. Dehnbare Stoffe müssen anders behandelt werden als nicht dehnbare und sie lassen sich nicht so einfach verarbeiten. Auf Seite 84 finden Sie mehr Informationen über das Arbeiten mit dehnbarem Stoff.
Nehmen Sie bei Stoffen mit Motiv immer etwas mehr, damit sich das Motiv fortsetzen lässt.

Lassen Sie sich in Stoff- und Kurzwarengeschäften gut beraten. Und sehen Sie zu, dass Sie von allem etwas im Haus haben, damit Sie mit dem Weitermachen nicht warten müssen, bis die Geschäfte am nächsten Tag wieder öffnen.

Statt die Stoffe nach dem Kauf zu waschen und zu trocknen, können Sie sie vor dem Zuschneiden auch warm und mit viel Dampf bügeln.

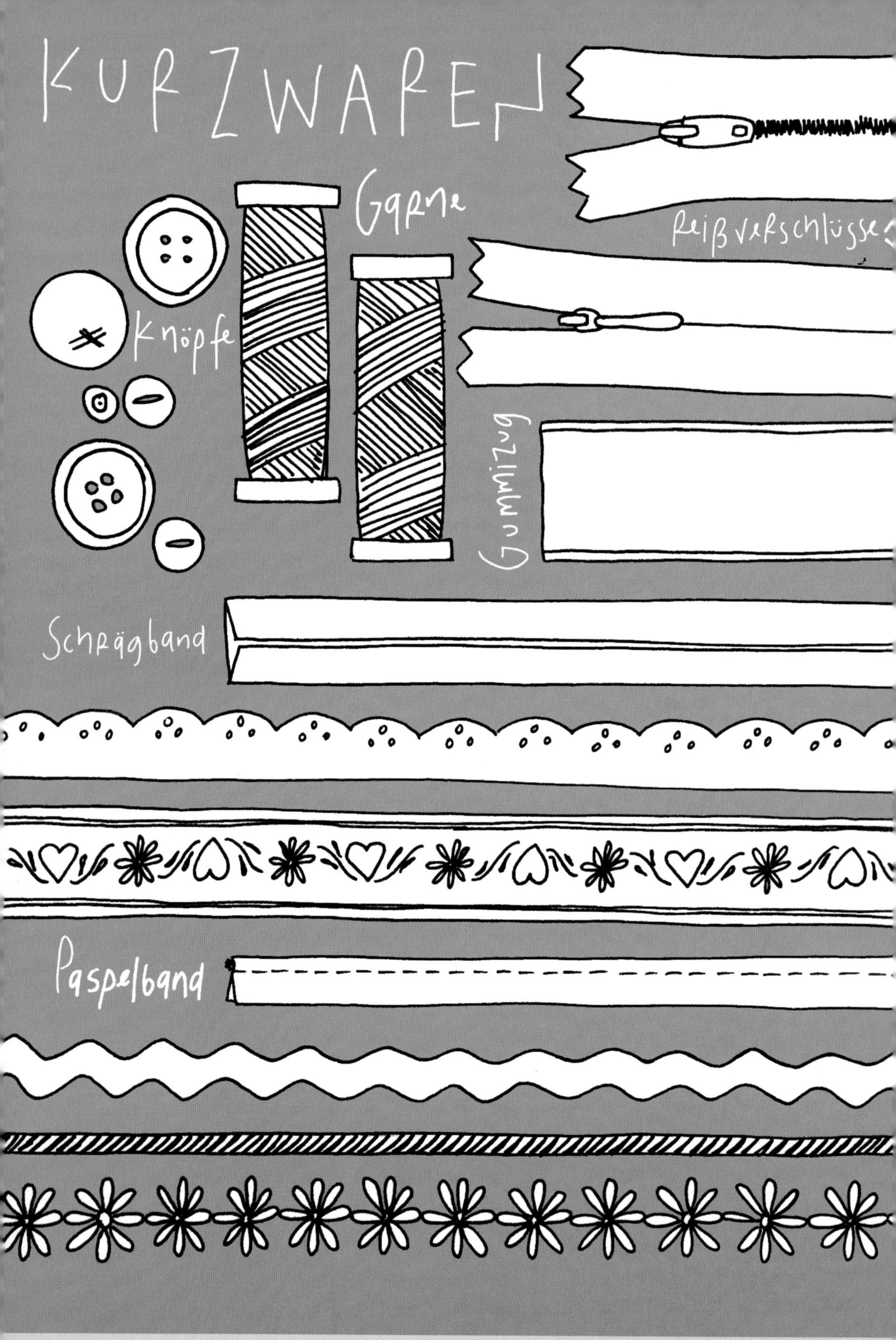
KURZWAREN
Garne
Reißverschlüsse
Knöpfe
Gummizug
Schrägband
Paspelband

KURZWAREN

Reißverschlüsse: Ein Reißverschlussvorrat ist nie für die Katz. Kaufen Sie verdeckte und normale Reißverschlüsse in verschiedenen Farben, 20 cm Länge für Frauen- und 15 cm Länge für Mädchenröcke.

Garn: In allen Farben, von einer guten Marke. Wenn Sie nicht die richtige Garnfarbe im Haus haben, so nehmen Sie einen etwas helleren Farbton. Eine Kontrastfarbe kann sehr hübsch aussehen, wird jedoch – ganz klar – stark auffallen. Machen Sie das also nur, wenn Sie sehr sauber nähen.

Paspelband: Zwischen Nähten eingefügtes Zierband. Paspelband ist mit und ohne eingelegte Schnur erhältlich. Diese Schnur läuft gerne ein, daher lieber vorwaschen, bevor Sie es weiterverarbeiten.

Gummizug: Kommt in Bund oder Saum. Breit, schmal, Schwangerschaftsgummizug, alles kann nützlich sein. Meistens verwende ich die 2,5 cm breiten Gummizüge.

Schrägband, Spitzenborten, Blenden, Bordüren, Knöpfe in allen Farben und Formen.

Einlage: Braucht man zum Verstärken von Beleg und Bund, damit sie ihre Form behalten. Im Geschäft wird sie meistens unter dem Markennamen „Vlieseline" verkauft. Kaufen Sie die aufbügelbare, gewebte Variante und schauen Sie in der Anleitung nach, ob sie mit Dampf aufgebügelt wird.
Zum Zuschneiden der Einlage nehmen Sie dasselbe Schnittteil, aber weniger Nahtzugabe, damit der Stoff nicht am Bügeleisen kleben bleibt.

3. SCHNITT AUS PAPIER AUSSCHNEIDEN

Jetzt ist der Moment gekommen, die Schnittmusterbögen aus dem Umschlag zu nehmen. Achtung … auch wenn es unüberwindbar aussieht, alles wird gut!
Auf jeder Seite der beiden Bögen sind ein oder zwei Schnittmuster, zusammengehörende Teile jeweils in derselben Farbe. Im Anleitungsteil steht bei jedem Rock, welches Schnittmuster Sie verwenden müssen und wo Sie es finden. Dann heißt es lediglich, Transparentpapier auf den Schnittmusterbogen legen und alle zu Ihrer Größe gehörenden Linien abpausen. Dabei ist es wichtig, dass das Papier gut an seinem Platz bleibt. Arbeiten Sie mit den Fixiergewichten oder mit Klebeband.

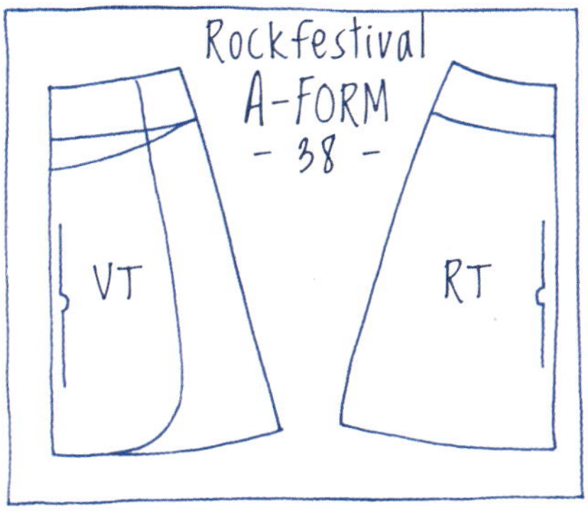

Es ist ratsam, alle Schnittteile eines Rocks auf einen großen Bogen Transparentpapier zu übertragen und diesen als Grundschnitt aufzubewahren. Schauen Sie einmal kurz die Zeichnungen auf der übernächsten Seite an: Da sehen Sie, welche Schnittteile es gibt und wofür sie gebraucht werden. Dies wird im Anleitungsteil bei jedem Rock noch einmal erklärt.
Sie gehen immer von dem Papierbogen aus, auf den die Teile gepaust wurden. Der volle Schnittmusterbogen mit allen Größen – die Sie ja gar nicht brauchen – kann dann im Umschlag bleiben. So kann man sich auch gar nicht vertun. Schreiben Sie aber auf Ihren Papierbogen, welcher Schnitt es ist und welche Größe Sie übertragen haben.

Die Schnittmuster für Mädchenröcke haben unten einen Stern. ★
Das Übertragen geht am einfachsten, wenn Sie hier beginnen.

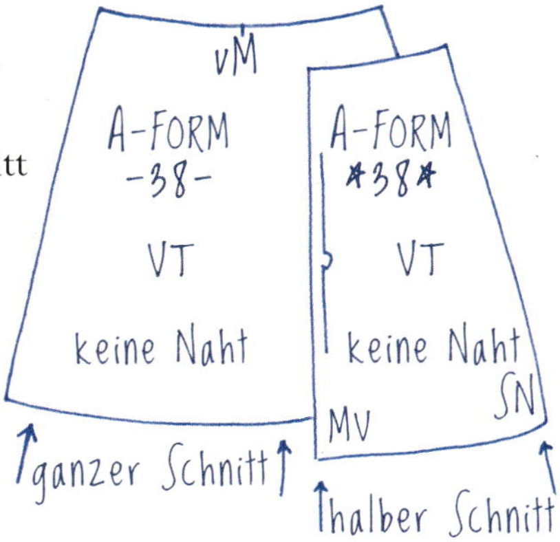

Pausen Sie für den Schnitt, den Sie zuschneiden wollen, nur die Linien ab, die Sie brauchen, und schneiden Sie die Teile entlang dieser Linien aus. Jetzt haben Sie einen halben Schnitt ohne Nahtzugabe. Unter Schritt 4 sehen Sie, dass Sie den Stoff falten, bevor Sie den Schnitt auf den Stoff übertragen, damit Sie einen perfekt symmetrischen Schnitt bekommen. Dies ist die schnellste Art des Zuschneidens.
Wenn Sie AnfängerIn sind oder, wie ich, lieber mit einem ganzen Schnitt arbeiten, wird das Transparentpapier vor dem Stoffzuschneiden auf der Linie der vorderen Mitte gefaltet.
Ganze Schnitte sind äußerst praktisch, weil man sofort sieht, wie viel Stoff man braucht. Durch einen halben Schnitt lässt man sich doch manchmal täuschen. Verwenden Sie Karostoff, ist es sowieso besser, mit einem ganzen Schnitt zu arbeiten, damit Sie sofort sehen können, ob das Muster an beiden Seitennähten gleich ist.

Übertragen Sie immer die Größe, das Modell und vor allem den Stoffbruch mit auf das Schnittmuster, damit Sie jederzeit wissen, welche Seite auf dem Stoffbruch liegen muss. Bei einem halben Schnitt ist das häufig nicht so klar.

SCHNITTTEILE

Das Schnittmuster für den Glockenrock und die A-Form besteht aus vielen Linien. Im Anleitungsteil wird jeweils pro Rock erklärt, welche Linien zu übertragen sind. Nachstehend finden Sie eine Liste der verschiedenen Schnittteile.

Die große Zeichnung ist das Zuschneidemuster – ohne Nahtzugabe –, das auf den Stoff übertragen wird. Die kleine Zeichnung mit einer farbigen Fläche macht deutlich, welches Teil des Schnitts übertragen werden muss. Die andere kleine Zeichnung zeigt, wie der Schnitt aus Stoff ausgeschnitten aussieht.

Grundschnitt Vorder- und Rückenteil Glockenrock und A-Form, Frauen und Mädchen

Diese vier Schnittmuster sehen identisch aus. Bei den Mädchenröcken habe ich keine Schwangerschaftsrocklinie eingezeichnet. Zum Schwangerwerden muss man mindestens Größe 34 haben, das halte ich für eine gute Grundlage.

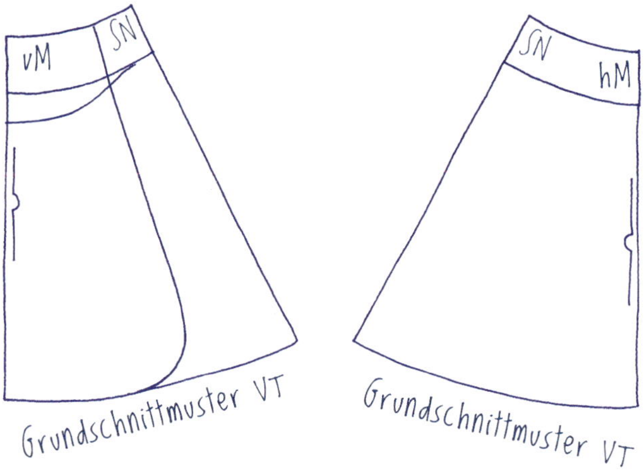

Schnittmuster normale A-Form oder Glockenrock

Röcke mit diesen Schnittteilen werden meistens mit Bund oder Beleg gearbeitet.

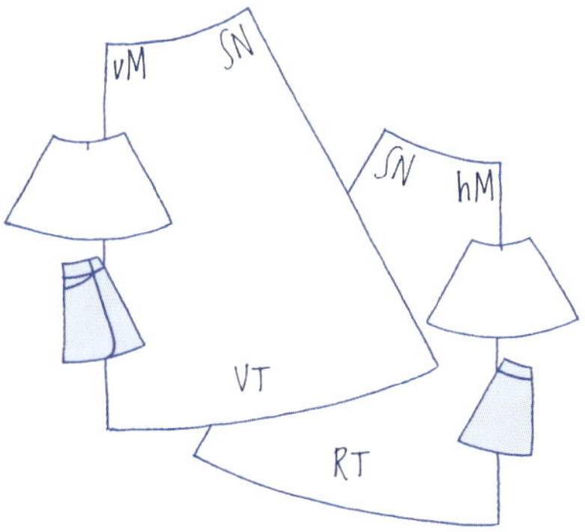

Beleg oder Besatz

Um das Zuschneiden des Stoffs möglichst einfach zu halten, verwende ich den Begriff „Beleg“, wenn dieses Schnittteil an der Rockinnenseite verarbeitet wird. Der „Besatz“ ist dann das Schnittteil, das an der Außenseite zu sehen ist, wie bei der A-Form mit Paspelband oder beim All-in-one-Rock. Für einen Beleg darf man anderen Stoff als den Rockstoff verwenden. Für einen Besatz nicht, es sei denn, es ist ausdrücklich gewünscht.

Vertieftes Vorder- und Rückenteil

Dieses Schnittteil wird mit einem elastischen Bund oder in Kombination mit einem Besatz verwendet. Für die Innenverarbeitung des Rocks werden die Teile aus Futterstoff zugeschnitten und dann an einen Beleg genäht (das sogenannte Futter). Das Rückenteil wird auch als Rückenteil für den Schwangerschaftsrock verwendet.

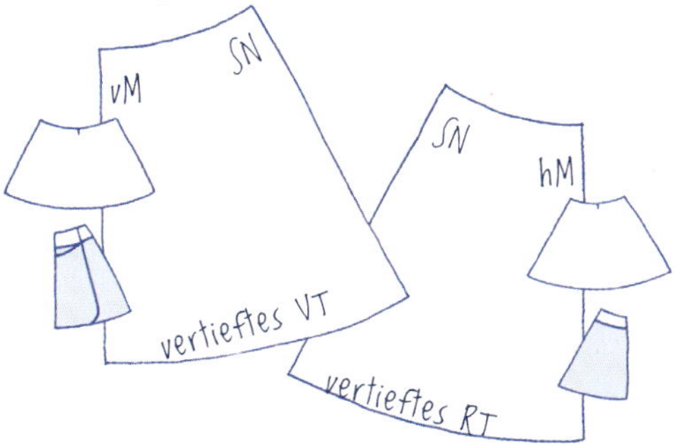

Schnittmuster Schwangerschaftsrock

Diesen Rock nähen Sie immer mit elastischem Bund. Als Rückenteil verwenden Sie das vertiefte Rückenteil. Das Teil, das im Schnittmusterbogen über der Schwangerschaftsrocklinie liegt, wird nie gebraucht.

Schnittmuster Wickelrock

Für die linke Seite übertragen Sie den normalen Schnitt für die A-Form oder den Glockenrock. Für die rechte Seite übertragen Sie den Schnitt bis zur Wickelrocklinie. Dieses Schnittteil schneiden Sie für jeden Wickelrock zweimal aus Stoff zu, einmal wie hier und einmal gespiegelt. Für das Rückenteil nehmen Sie das normale Rückenteil.

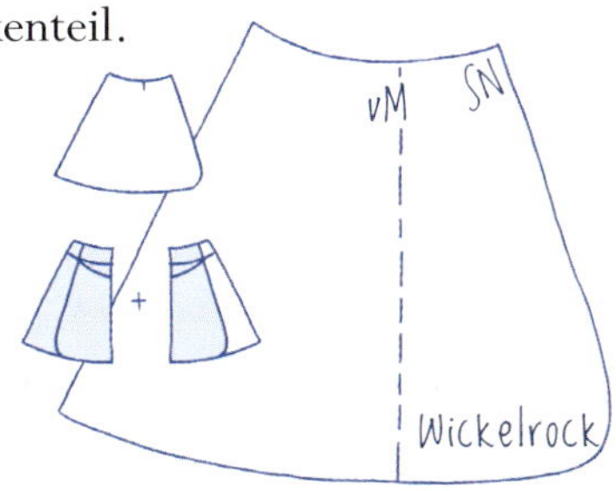

SCHNITTMUSTER-BÖGEN

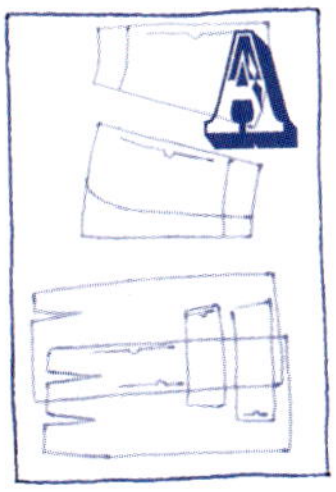

- Gerader Rock + Beleg
- A-Form Mädchen

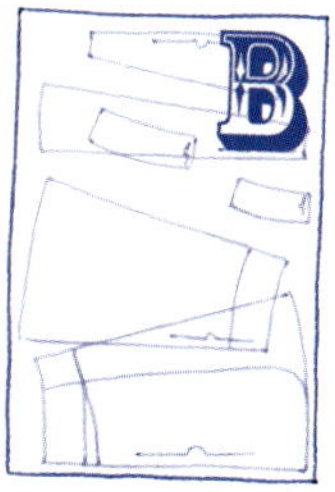

- A-Form Frauen
- Streifenrock Mädchen + Beleg
- Streifenrock Frauen + Beleg

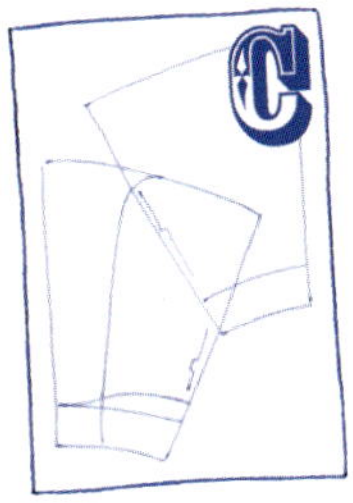

- Glockenrock Frauen

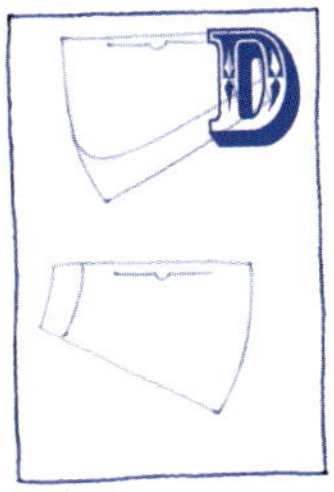

- Glockenrock Mädchen

SCHNITTKOPIER-UTENSILIEN

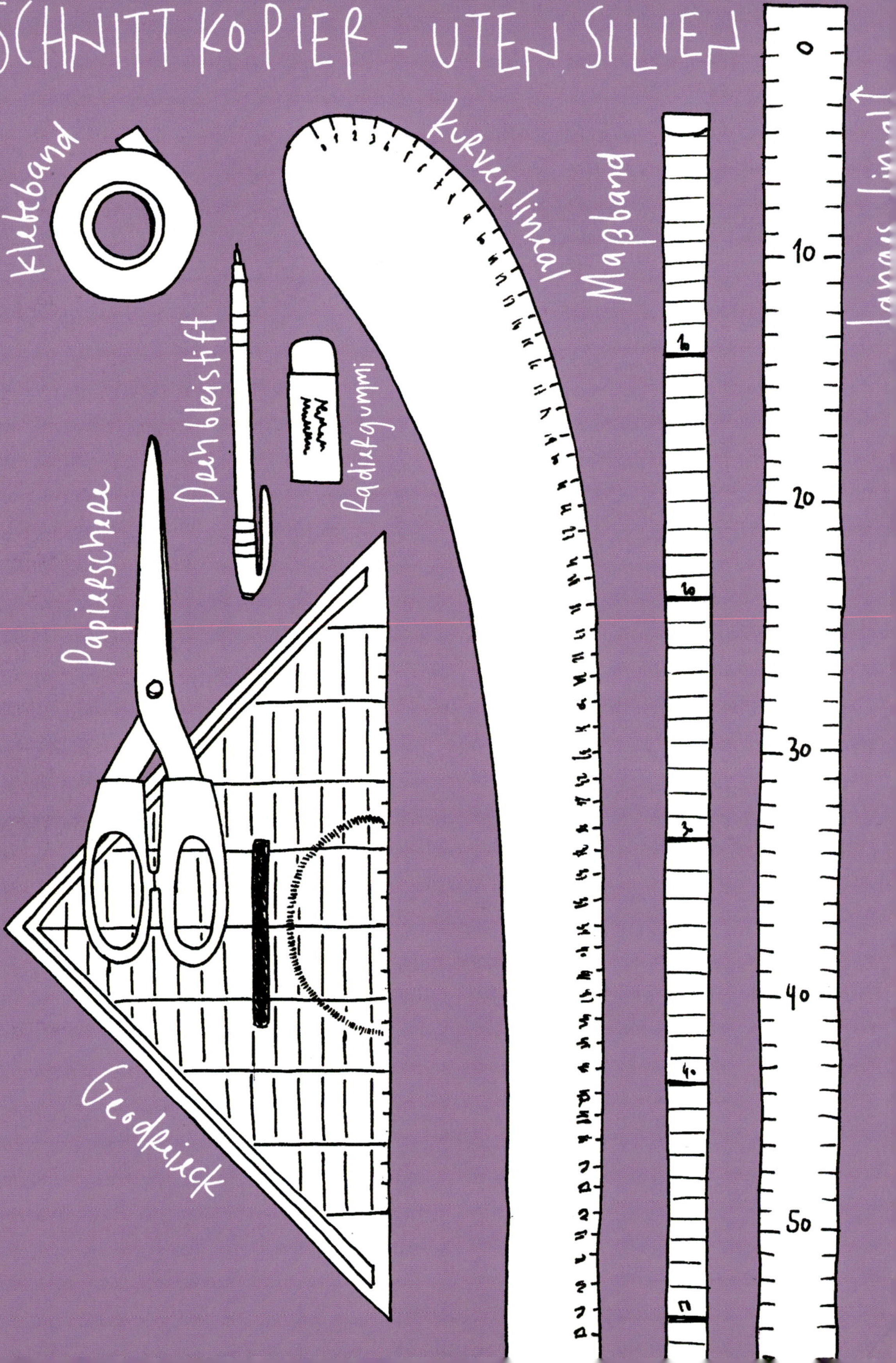

Transparentpapier: Normales weißes Transparentpapier reicht aus. Im Bastelbedarf ist auch Transparentpapier auf der Rolle erhältlich. Das ist vielleicht sogar eine bessere Möglichkeit wegen der verwendbaren Breite.

Bleistift: Zum Schnittkopieren benutzen Sie am besten einen Bleistift. Ich verwende immer einen Drehbleistift, Minenstärke 0,5 mm, und muss niemals anspitzen.

Radiergummi: Und manchmal geht es eben schief …

Geodreieck: Mein Lineal, das ich am häufigsten verwende; vor allem die Zentimeter-Markierung ist praktisch. Kaufen Sie am besten das größte, das Sie finden.

Papierschere: Papier niemals mit der Stoffschere schneiden, sonst kommt die Nähpolizei.

Klebeband: Damit beim Übertragen alles an seinem Platz bleibt. Hier interessanter als Fixiergewichte, damit Sie Ihr Schnittmuster drehen können. Auf dem Foto nehme ich gerade einen großen Stein, und die gewichtigere Lektüre hat sich auch schon bewährt.

Maßband: Zählt zur Grundausstattung. Versuchen Sie einmal, mit einem Lineal an der Taille Maß zu nehmen.

Lineal: Ein Muss zum Übertragen langer, gerader Linien.

Kurvenlineal: Kein Muss, aber äußerst praktisch. Rundungen an Taille, Hüfte oder Saum können in einem Zug übertragen werden.

☆4. SCHNITT AUS STOFF ZUSCHNEIDEN

So, der Stoff wurde sorgsam ausgewählt und gebügelt, der Schnitt ist auf Papier übertragen und ausgeschnitten. Zeit für die eigentliche Arbeit – jetzt wollen wir ein bisschen Stoff zerschneiden! Beachten Sie dabei folgende Punkte.

1. Es gibt **fadengerade** und es gibt **nicht fadengerade**. Alles andere gibt's nicht!
Alle Schnittmuster werden fadengerade ausgeschnitten, also so, wie auf der Zeichnung oder um 90° gedreht, das entscheiden Sie. Fadengerade heißt parallel zur Seitenkante des Stoffs oder rechtwinklig dazu.

2. Wenn Sie mit **halbem Schnitt** arbeiten, falten Sie den Stoff zur Hälfte und legen die Schnittteile mit hM oder vM an den Stoffbruch an (X ist oben und unten gleich breit).

3. Ein **ganzer Schnitt** wird aus einer einzigen Stofflage ausgeschnitten, vM oder hM liegen fadengerade.

4. Legen Sie immer alle Schnitteile eines Rocks in **derselben Richtung** auf den Stoff. Das bedeutet, die Oberkanten weisen immer in dieselbe Richtung – das darf sowohl oben oder unten als auch links oder rechts sein, aber **niemals schief**. Schräg zugeschnittene Schnittteile verziehen sich beim Nähen, und es sieht dann aus, als würde nichts aneinanderpassen. Achten Sie auch auf das Stoffmotiv – Kobolde und Bäume kommen für gewöhnlich nur senkrecht vor.

5. Schnittteile in Form eines geraden Stoffstücks können so zugeschnitten werden, dass **die Webkante** die Rockunterkante wird. Die Webkante ist die Seitenkante des Stoffs. Sie franst nicht aus und der Rock braucht keinen Saum. Der Kinderrock auf Seite 114 ist so gearbeitet.

6. Zuschneiden ist am einfachsten, wenn Sie die Schnittteile mithilfe von Gewichten fest auf dem Stoff fixieren, beispielsweise mit **Fixiergewichten** (siehe Seite 8). Feststecken geht auch, dauert aber länger.

7. Weil die **Nahtzugabe** je nach Rock unterschiedlich sein kann, ist sie bei keinem Schnittmuster eingezeichnet. Ein **Geodreieck** ist superbequem, um diese schnell und einfach anzuzeichnen. Die 1-cm-Markierung auf den Rand des Schnittteils legen (sofern die Nahtzugabe 1 cm beträgt) und am gesamten Schnitt entlanggehen, bis er komplett auf den Stoff übertragen ist.

8. **Markierungen** immer übernehmen. Der gerade Rock ist der einzige mit **Bohrlöchern**; die kann man am besten mit einem scharfen, spitzen Gegenstand übertragen, zum Beispiel mit einer Prickelnadel. Die Knipse, kleine Einschnitte, machen Sie mit einer Schere, bis zur Mitte der Nahtzugabe. Knipse sind praktischer als ein Strich mit dem Stift, weil sie auf beiden Stoffseiten zu sehen sind. Bohrlöcher sind schnell angebracht und werden nur an Stellen verwendet, die beim fertigen Rock nicht zu sehen sind. In den Anleitungen wird jedes Mal wiederholt, welche Markierungen zu übertragen sind, Sie haben keine Chance, das zu vergessen.

9. Schneiden Sie den Schnitt mit **einer anständigen Stoffschere** (weil Sie es wert sind) zu. Diese Schere verwenden Sie ausschließlich zum Stoffschneiden, sonst kommen Sie in die Hölle.

VT = Vorderteil　**vM** = vordere Mitte　**SN** = Seitennaht
RT = Rückenteil　**hM** = hintere Mitte

SCHNITTE ÜBERTRAGEN

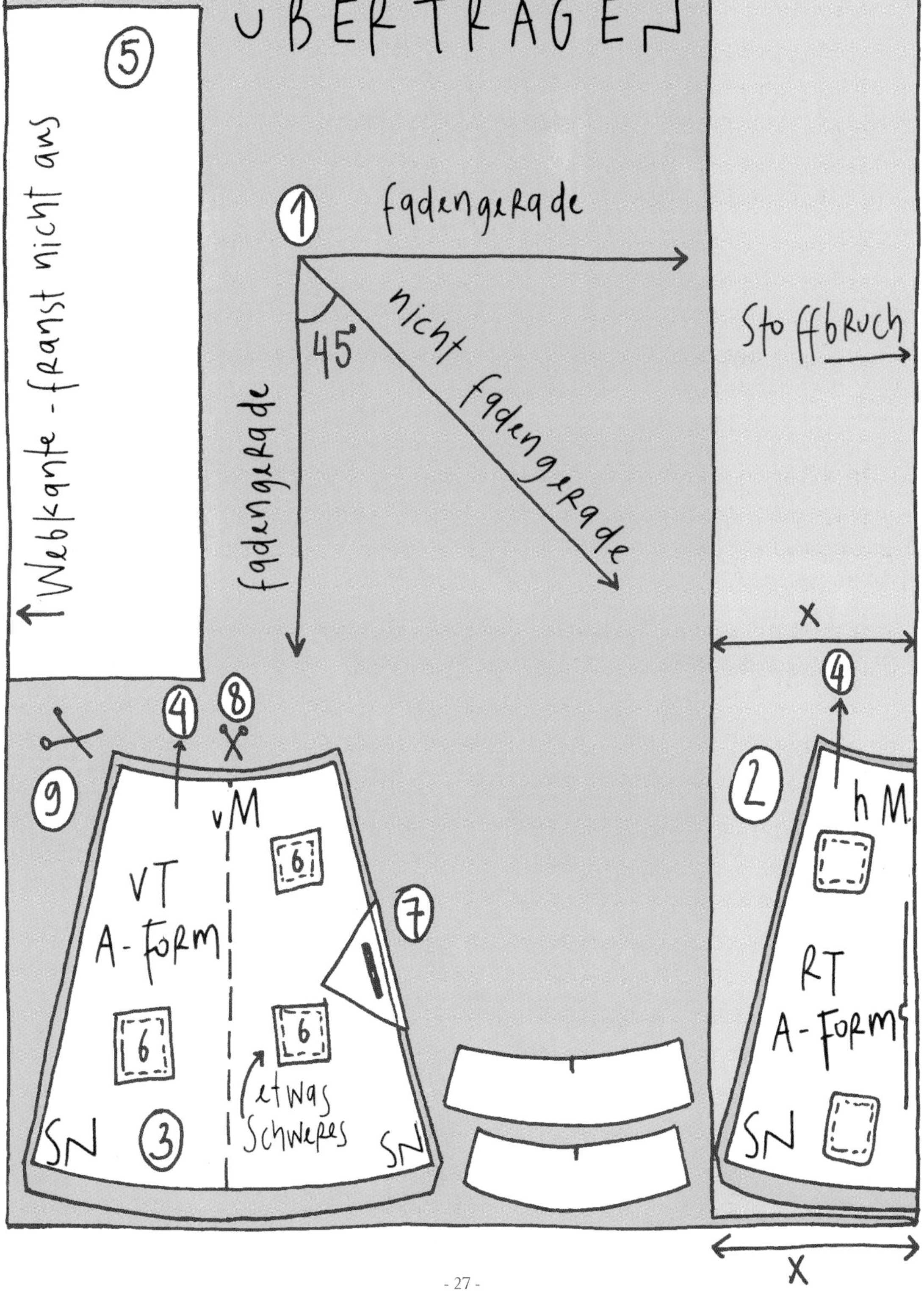

ZUSCHNITTUTENSILIEN
scharfer, spitzer Gegenstand
Fixier-gewichte
Lgaaaanges Lineal
Maßband
auswaschbarer Stift
Stoffschere
Geodreieck

Stift: Mit ihm übertragen Sie Schnitte auf Stoff. Erhältlich sind vielerlei Kreiden und Bleistifte, aber ich finde einen Stift am besten. Nehmen Sie einen auswaschbaren Filzstift.

Stoffschere: Stoff mit einer anderen Schere schneiden klappt nicht, schaffen Sie sich am besten gleich eine gute Stoffschere an.

Gewichte: Sie sind zum Schnittfixieren viel praktischer als Stecknadeln. Mit dicken Steinen oder anderen kompakten, schweren Dingen kann man auch beschweren.

Scharfer, spitzer Gegenstand: Zum Übertragen von Bohrlöchern; wird nicht standardmäßig im Nähladen verkauft. Suchen Sie etwas aus Ihren Bastelsachen heraus – ich nehme die Prickelnadel meiner Kinder. Bitte bedenken: Scharfe, spitze Gegenstände können auch Tische und andere Unterlagen beschädigen!

Geodreieck: Ideal zum Anzeichnen von Nahtzugaben.

Maßband: Zum Umhängen. Sieht gleich richtig profimäßig aus.

Langes Lineal: Zum Zeichnen von Seitennähten in einem Zug.

5. … UND ZUGENÄHT!

Und jetzt das große Werk, endlich machen wir aus ein paar Stoffstücken etwas Richtiges! Wenn wir einige Grundregeln beachten, ist auch das ein Kinderspiel.

- Anfang und Ende einer Naht werden immer vernäht. Immer, also sage ich es nie.

- Schnittteile müssen vor dem Nähen nicht zusammengesteckt werden. Kann man machen, muss man aber nicht. Wo ich es doch mache, erwähne ich es in der Anleitung. Die Stecknadeln dann entfernen, wenn Sie beim Nähen kurz davor sind.

- Mit Markierungen wie Knipsen und Bohrlöchern lassen sich Schnittteile exakt aufeinanderlegen. An diese Arbeitsweise muss man sich ein wenig gewöhnen, wenn man sie nicht kennt, aber es lohnt sich. Das Nähen geht viel schneller, wenn man wenig Zeit verplempert. Was wir selbstverständlich nicht machen: die Schnittteile heften.

- Legen Sie die Schnittteile vor dem Zusammennähen auf den Nahtlinien über etwa 10 cm sehr genau aufeinander und führen sie gemeinsam – nicht schieben oder ziehen – unter den Nähmaschinenfuß. Wenn Sie darauf achten, dass die Nahtlinien immer aufeinanderliegen, ist das genauso präzise, als wenn man die Teile erst feststecken würde.

- Nähen Sie immer so genau wie möglich an der angezeichneten Nahtzugabe. Die Nahtzugabe ist in der Anleitung stets mit angegeben.

- Schneiden Sie lose Fadenenden sofort ab.

- Lesen Sie zuerst die gesamte Anleitung für den Rock einmal durch. Schauen Sie sich Text und Zeichnungen an und haben Sie Vertrauen. Es wird immer alles gut!

Stoffschere und Stickschere: Haben Sie beide griffbereit, um Ecken ein- und Nahtzugaben und Fäden abzuschneiden.

Bandwender: Kann sehr hilfreich sein, wenn Sie längere Bänder wenden müssen. Für die Bänder aus diesem Buch ist er nicht unbedingt nötig. Es gibt noch einen anderen Typ Bandwender, ein langer Pfriem mit einem Haken unten, den man in die Nahtschlinge einhakt, und dann wird das Band gewendet. Beide haben ihre Nützlichkeit schon bewiesen, sind aber keine Bedingung.

Spulen: So viele wie möglich, damit Sie verschiedene Garnfarben bereithaben.

Nähmaschinenfüßchen: Es genügen der normale Fuß (steckt auf der Maschine), der Reißverschlussfuß und ein Fuß für verdeckte Reißverschlüsse, die anderen sind nicht wirklich nötig.

Nahttrenner: Falls etwas schiefgeht. Unverzichtbar!

Sicherheitsnadel: Um Gummizüge in den Bund zu ziehen.

Bügeleisen: Zum Bügeln von Nähten und für Sandwiches mit braunem Zucker und Butter in Alufolie, köstlich!

Wondertape: Doppelseitiges Klebeband für Stoff; darf nicht überbügelt werden und löst sich beim ersten Waschen auf.

Nadeln: Nadeln können stumpf werden und abbrechen, meistens drei hintereinander. Grund genug, immer genügend Nadeln im Haus zu haben. Kaufen Sie auch dickere Nadeln, Jersey-Nadeln, Zwillingsnadeln, Stecknadeln, Nadeln zum Nähen von Hand … man hat nie zu viele Nadeln!

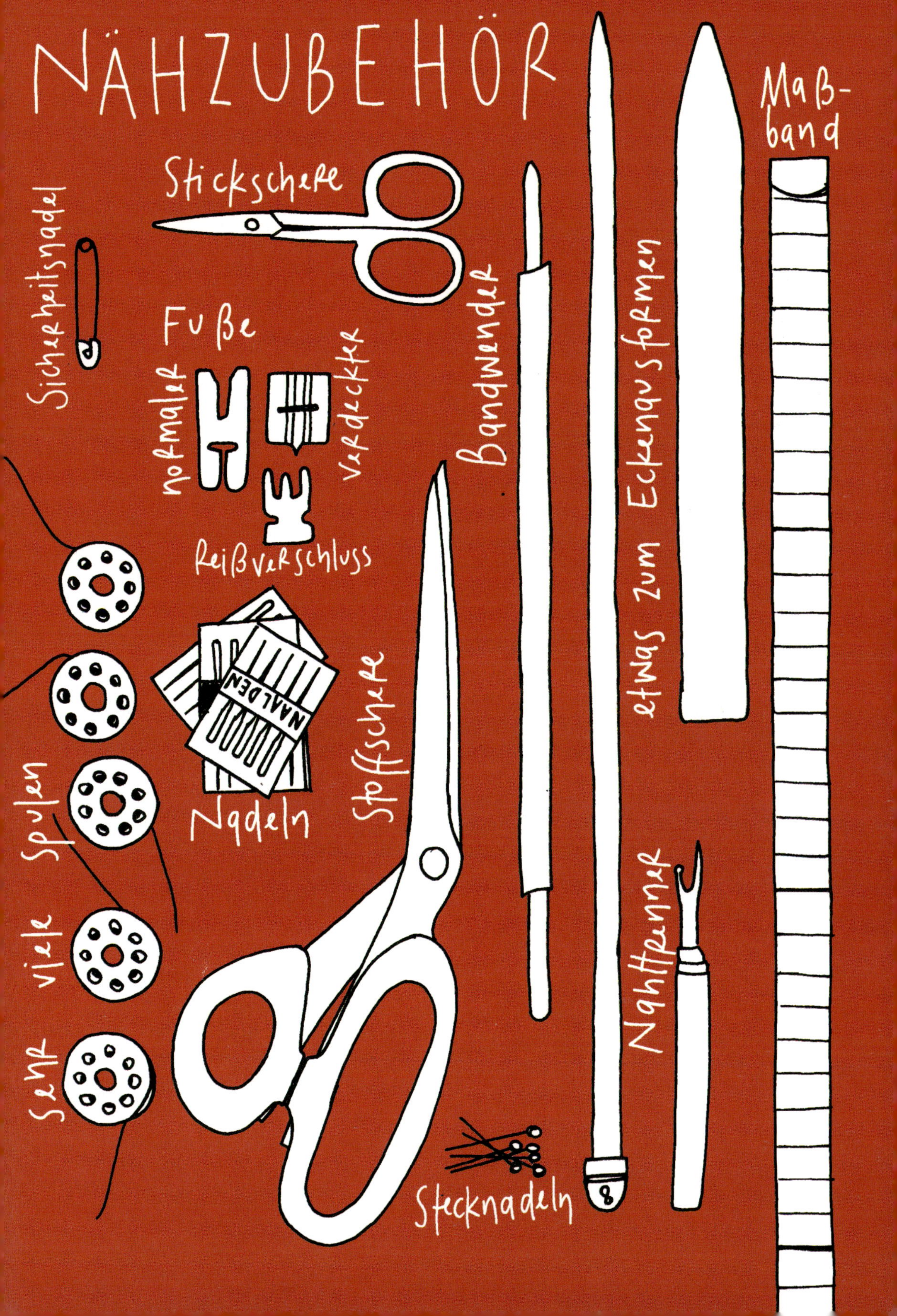
NÄHZUBEHÖR
Stickschere
Sicherheitsnadel
Füße
normaler
verdeckter
Reißverschluss
Bandwender
etwas zum Eckenausformen
Maß-
band
Nadeln
NADELN
Stoffschere
sehr viele Spulen
Nahttrenner
Stecknadeln

LISTEN UND ANDERE DINGE

WAS MEINT SIE BLOSS?

vM = vordere Mitte

hM = hintere Mitte

VT = Vorderteil

RT = Rückenteil

SN = Seitennaht

B = Bund

 = rechte Seite = Stoffvorderseite

 = linke Seite = Stoffrückseite

 = verstärkter Stoff

 = Tipp

 = schneiden

 = bügeln

 = dehnbar in diese Richtung

 = Fadenlauf

 = Stoffbruch

 = Steppnaht

 = Reißverschlussfuß

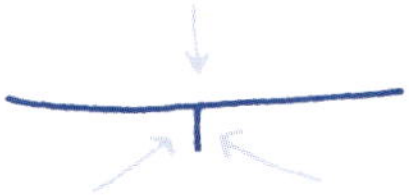 = Knips

TECHNIKEN

Ich zeige im Laufe des Buchs möglichst viele Verarbeitungsmöglichkeiten. So gibt es Röcke mit schmalen oder breiten Säumen, Säume mit Spitzenborten und Schrägband sowie Säume, die einfach so gelassen wurden. Für den oberen Abschluss wählte ich mal einen Gummizugbund, mal einen Bund mit Knopf und danach einen Beleg.
Wenn Sie die Kniffe der Rockschneiderei beherrschen, können Sie selbst Röcke zusammenstellen. Mit dieser Liste finden Sie dann alle Techniken wieder.

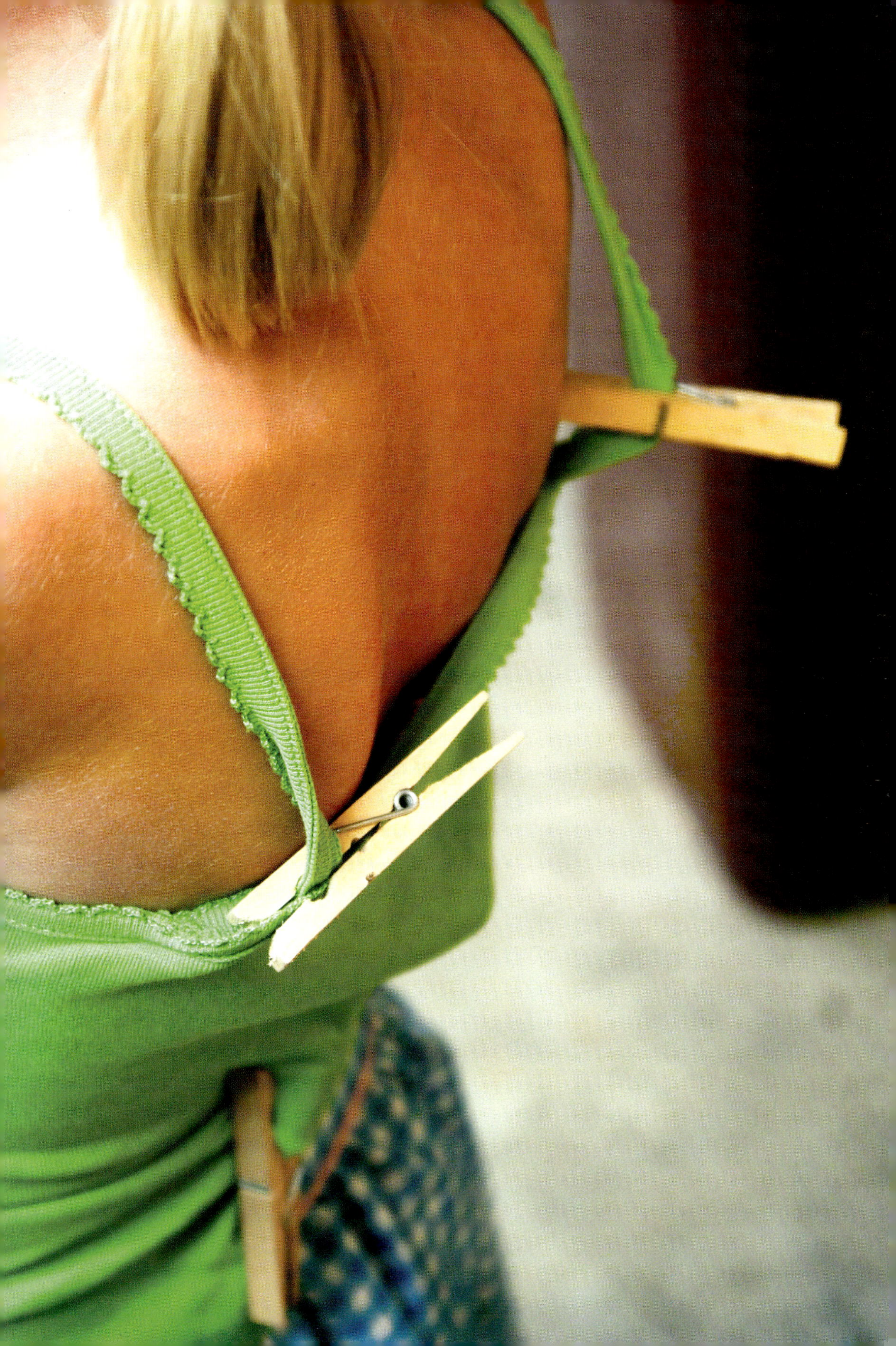

40
46
56
58
62
66
68
76
78
84
88
94
100
104
114
118
124
128
136
146

RÖCKE UND ANLEITUNGEN

ROCK MIT

ROCK MIT GUMMIZUG

Dies ist nicht umsonst das erste Modell. Alle schaffen es – auch wer noch nie in der Nähe einer Nähmaschine war. Zwei Teile zusammennähen, ein Bund, der Saum, das war's. In einer guten Stunde ist der Rock fertig! Was am längsten dauert, ist die Entscheidung zwischen A-Form und Glockenrock. Nehmen Sie den Glockenrock, wenn Ihnen etwas Elegantes vorschwebt, und die A-Form, wenn es schlichter sein darf.

Sie haben die Wahl zwischen einem einfachen und einem noch einfacheren Bund. Der einfache Bund ist auf beiden Seiten schön, der noch einfachere nur außen. Wie so oft im Leben kann man nicht alles haben … Wenn Ihnen der Rock mit Reißverschluss und Knopf lieber ist, sehen Sie sich die Verarbeitung ab Seite 78 an und nehmen Sie dann eine Nummer kleiner.

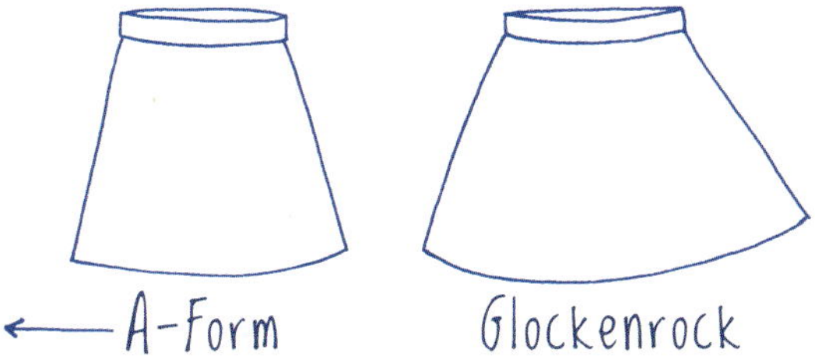

SCHNITTMUSTERBOGEN

- A-Form Mädchen
- Glockenrock Mädchen

Auf Seite 12 ist erklärt, wie Sie die richtige Größe finden.

NAHTZUGABE

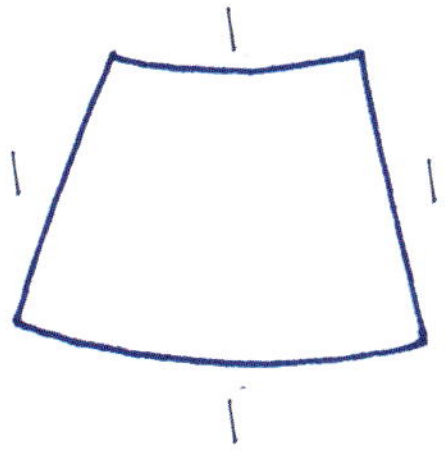

SCHNITTTEILE

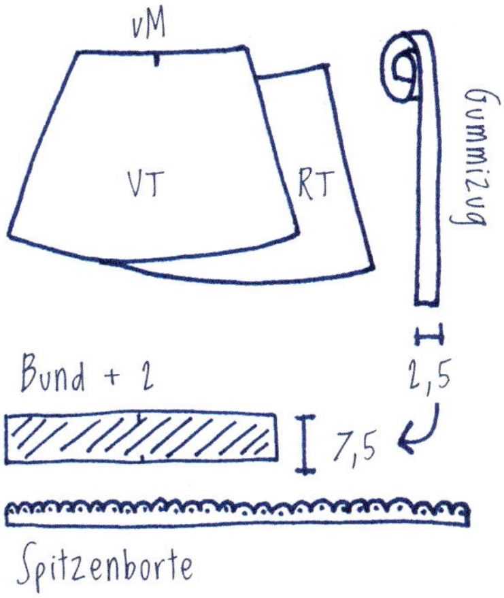

- Vorder- und Rückenteil, Knipse jeweils bei vM und hM, weitere Erklärungen siehe Seite 22 und 23.
- Bund, verstärkt mit Einlage, 7,5 cm breit, Länge in der Tabelle auf Seite 13 nachsehen und 2 cm Nahtzugabe hinzurechnen.
- 2,5 cm breiten Gummizug, Länge am Kind abmessen.
- Spitzenborte für den Saum

TIPP

Wenn nichts anderes angegeben ist, alle Schnitte immer bis zum oberen Rand abpausen.

1. SEITENNAHT

a. Vorderteil auf Rückenteil legen, rechts auf rechts. Die Seiten 1 cm vor der Schnittkante zusammennähen.
b. Nahtzugabe im Zickzackstich versäubern und Richtung Rückenteil glatt bügeln.

a

b

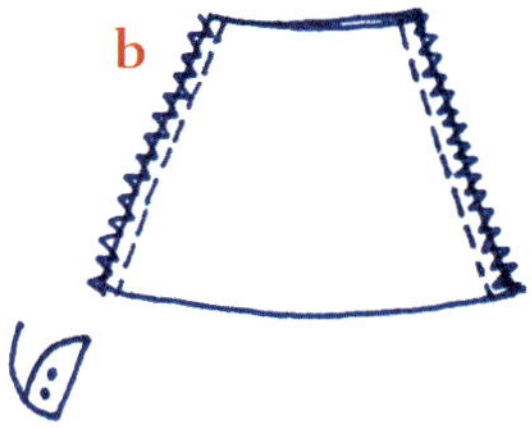

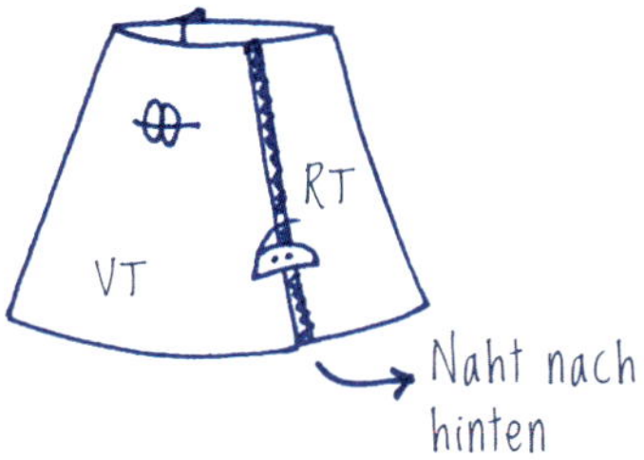

2. BUND

a. Den Bund falten (rechts auf rechts) und an der kurzen Seite 1 cm vor der Schnittkante zusammennähen. Auf den letzten 3 cm erst 1,5 cm für den Gummizug offen lassen, die nächsten 1,5 cm wiederum schließen.

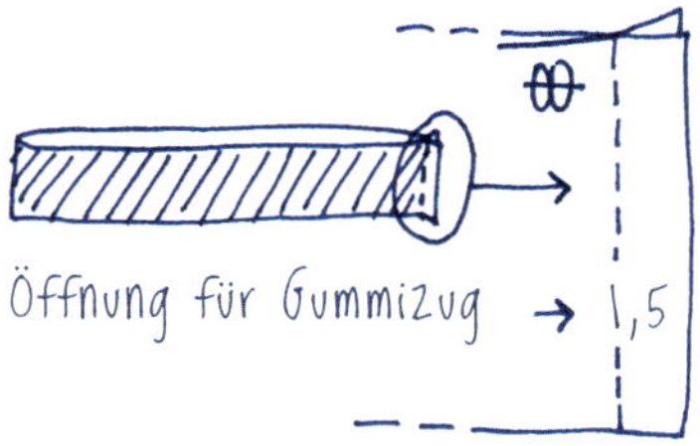

b. Den Bund unten 1 cm umschlagen und bügeln, wenn er auf die einfache Art angesetzt wird. Für die noch einfachere Art ist das nicht nötig.

0,5
2,5
Gummizug
7,5

Einfacher Bund

c. Den Rock auf links wenden und den Bund über den Rock schieben, sodass die rechte Seite des Bunds auf der linken Seite des Rocks liegt. Darauf achten, dass die Bundöffnung in der Mitte des Rückenteils sitzt. Den Bund am Rock feststecken und anschließend annähen.

d. Den Rock wieder auf rechts wenden und den Bund so falten, dass die umgebügelte Kante aus Schritt b genau über die Naht aus Schritt c fällt. Den Bund feststecken und dann die fünf Stoffschichten absteppen.
Wenn Sie gern ein Paspelband (siehe Seite 80) zwischen Bund und Rock haben, schieben Sie beim Feststecken eines dazwischen und nähen es mit an oder nähen es zuerst an den Rock, wie auf Seite 60 beschrieben.

Noch einfacherer Bund

c. Den Bund zur Hälfte umlegen (Naht an der Schmalseite liegt innen) und rechts auf rechts (Bruchkante unten) über den Rock schieben. Den Bund feststecken, annähen und die Nahtzugabe im Zickzackstich versäubern.

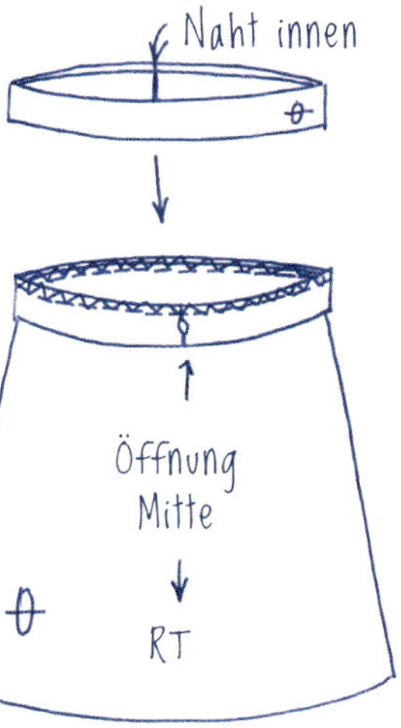

d. Den Bund hochklappen, die Naht an der Innenseite nach unten glatt bügeln und ein paar Millimeter unterhalb vom Bund am Rock absteppen.

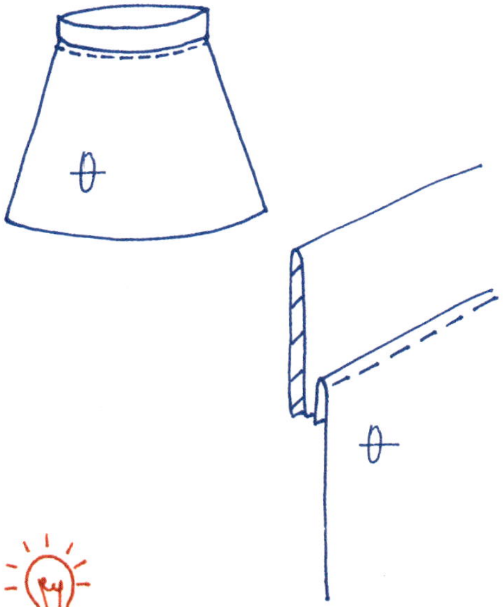

3. GUMMIZUG

Messen Sie nun den Gummizug ab – der Rock darf nicht zu fest spannen – und stecken Sie die abgemessene Länge zuerst mit einer Stecknadel fest. Wenn die Länge stimmt, den Gummizug an der Schnittstelle markieren (aber noch nicht abschneiden) und mit einer Sicherheitsnadel durch den Bund ziehen. Aufpassen, dass er sich nicht verdreht. Abschneiden, die Enden aufeinanderlegen und festnähen. Die Öffnung im Bund von Hand zunähen.

4. SAUM

a. Die Spitzenborte „auf dem Kopf" und rechts auf rechts an den Rock nähen.
b. Die Kante versäubern.
c. Spitzenborte nach unten falten, sodass die Nahtzugaben dahinter hochklappen, und absteppen.

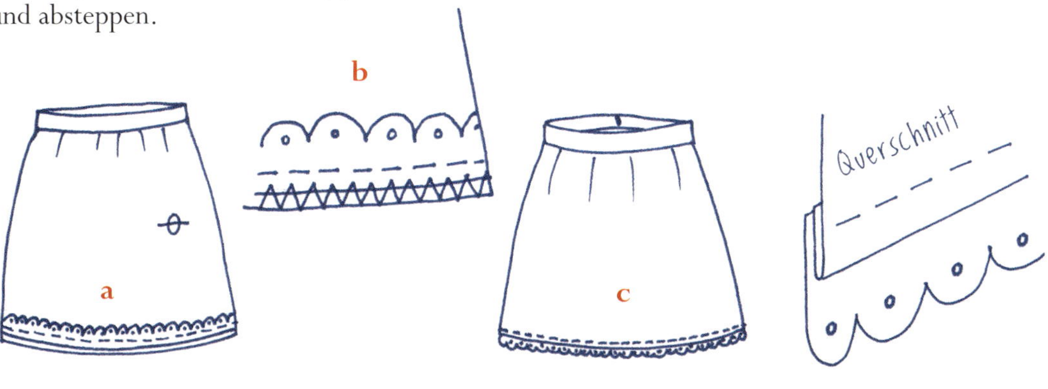

AAAA

A-FORM MIT BELEG

Aaah, die stets beliebte A-Form oder der ausgestellte Rock, wer sieht darin nicht toll aus?
Er ist der ideale Basisrock. Später im Buch nähen wir mit diesem Schnittmuster noch eine ganze Menge anderer Röcke, in denen man den Grundschnitt fast nicht mehr erkennt, denn der Rock kann auf vielerlei Art und Weise gestaltet werden. Ich zeige Ihnen drei Möglichkeiten.

Jahrelang machte ich diesen Rock ohne Reißverschluss und zog ihn über den Kopf an. Nachdem ich ein paarmal im Rock stecken geblieben und nicht ohne Hilfe wieder herausgekommen war, beschloss ich, ihn doch besser mit einem Reißverschluss zu versehen. So viel aufwendiger ist das gar nicht und das Ausziehen geht eleganter vonstatten.

Alle nach dieser Anleitung genähten Rockmodelle haben einen Reißverschluss, den Sie aber weglassen können, sofern Sie vorher überprüft haben, dass Ihre Schultern nicht wesentlich breiter sind als die Taille, denn sonst wird's doch aufwendig.

SCHNITTMUSTERBOGEN

- A-Form Frauen
- A-Form Mädchen

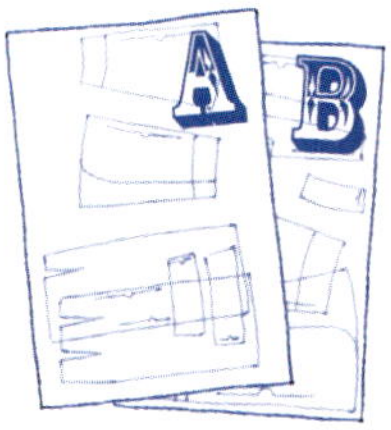

NAHTZUGABE

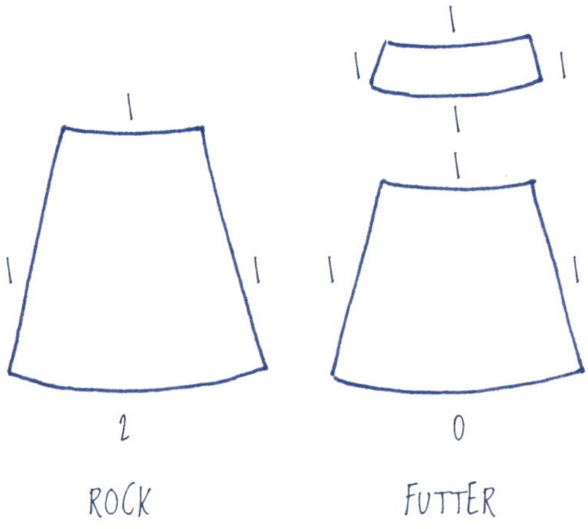

SCHNITTTEILE

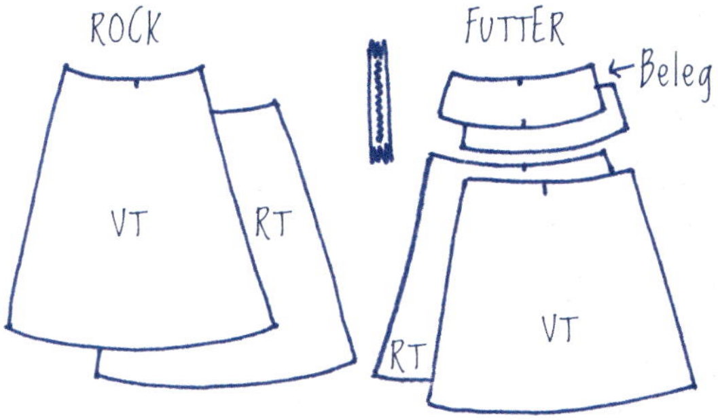

Rock
- Vorder- und Rückenteil, Knipse bei vM und hM
- verdeckter Reißverschluss

Futter
- Beleg von Vorder- und Rückenteil, verstärkt mit Einlage, Knipse bei vM und hM
- Unterseite Futter von Vorder- und Rückenteil, mit einem Knips bei vM und hM

Extrazubehör
- Reißverschlussfuß
- Nähmaschinenfuß für verdeckten Reißverschluss

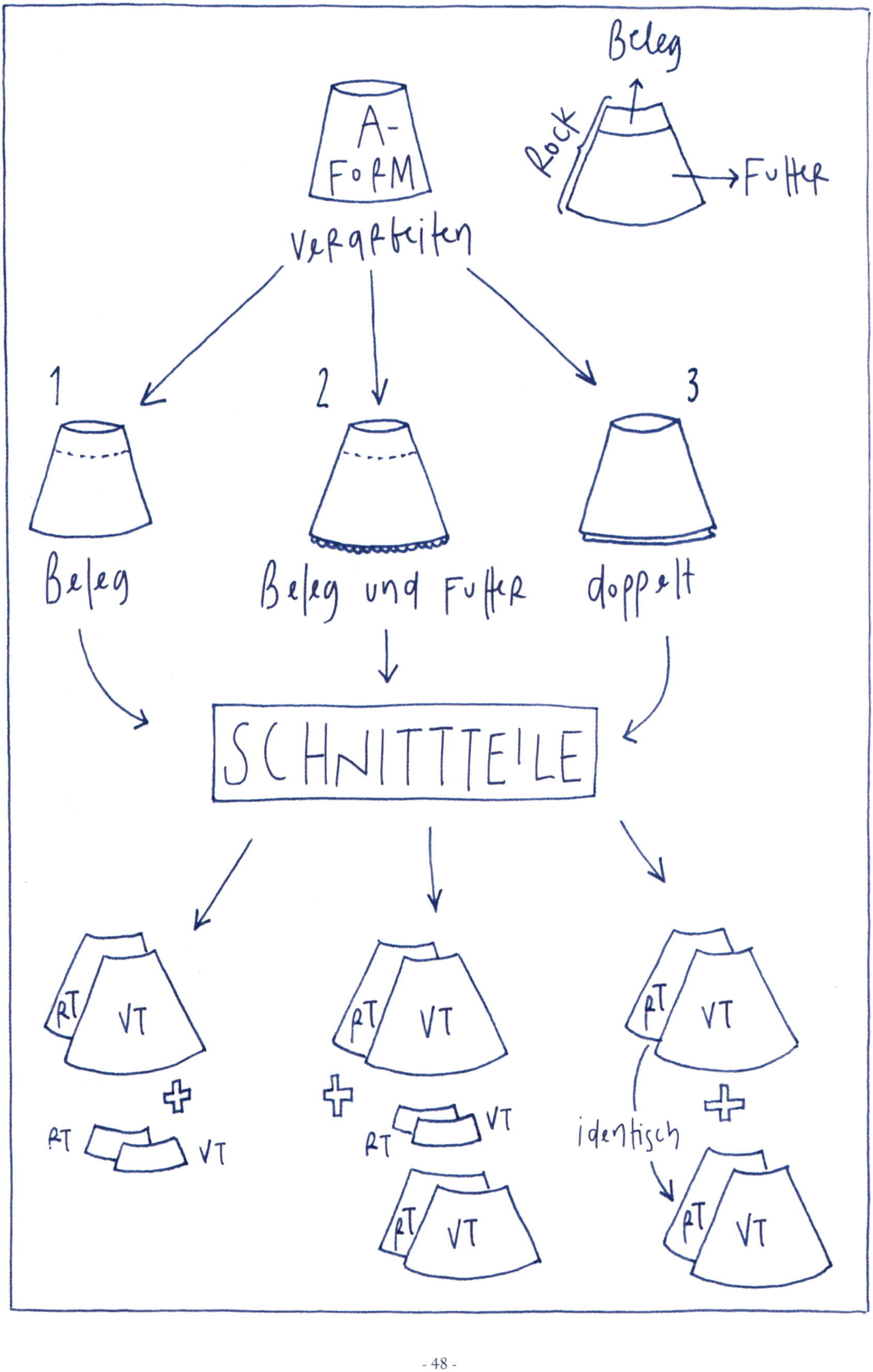
Beleg
Rock
Futter
A-
FORM
verarbeiten
1
2
3
Beleg
Beleg und Futter
doppelt
SCHNITTTEILE
RT
VT
RT
VT
RT
VT
RT
VT
RT
VT
RT
VT
identisch
RT
VT

1. A-Form mit Beleg

Dies ist die meistverwendete Ausführung. Ich wähle diese Variante, wenn der Stoff so dick ist, dass kein Futter daruntermuss. Der Beleg kann aus demselben Stoff sein wie der Rock, aber ich nehme meistens passenden einfarbigen Stoff. Unten wird der Beleg umsäumt, versäubert oder mit Schrägband eingefasst.

2. A-Form mit Beleg und Futter

Ist der Rockstoff zu dünn, durchsichtig oder in der Struktur etwas rauer, sodass er kratzt oder an Nylonstrümpfen oder Strumpfhosen hängen bleibt, braucht man ein Futter. Futterstoff ist in ganz vielen Farben erhältlich und meistens spottbillig. Ich habe immer ein paar Meter von den häufigsten Farben im Haus.

3. A-Form, doppelt

Es geht schneller, wenn Sie, statt Beleg und Futter gesondert zuzuschneiden, zweimal die Rockteile zuschneiden: einmal aus dem Außenstoff und einmal aus einem dünnen, weichen Baumwollstoff für die Innenseite. Röcke, die ich nur im Sommer trage – ohne Strümpfe – arbeite ich immer so. Tragen Sie dann doch Strümpfe darunter, kann es allerdings passieren, dass der Rock „kleben bleibt".
Innen- und Außenrock sind identisch, der Innenrock bekommt lediglich am Saum keine Nahtzugabe, damit er nicht „hervorschaut".

A-FORM MIT BELEG UND FUTTER

UND DANN?

Dann geht's los!
Den Rock mit Beleg und Futter nehme ich als Beispiel, denn hierbei muss am meisten erklärt werden. Die beiden anderen Röcke der Reihe können Sie auch mit dieser Anleitung nähen, müssen dann aber hier und da etwas überspringen.

1. FUTTER

Den Vorderteilbeleg auf das Futtervorderteil legen und staunen, wie seltsam das aussieht.

Trotzdem, diese beiden Schnittteile gehören aneinander und das wird auch klappen. Wir gehen allerdings davon aus, dass Sie exakt 1 cm Nahtzugabe angezeichnet und dies exakt zugeschnitten haben – wir waren ja alle mal in der Grundschule. Wenn Sie die Schnittteile so platzieren, dass sie *exakt* 1 cm übereinanderliegen, können Sie sofort losnähen.

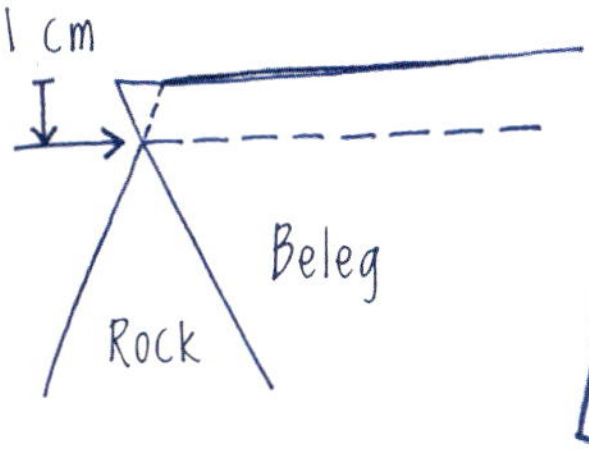

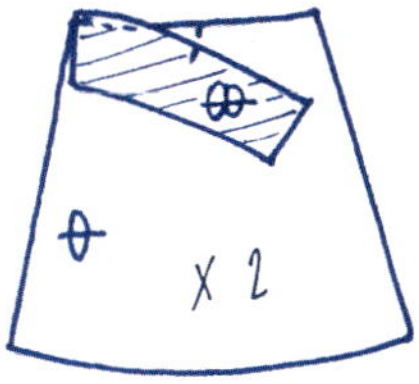

Nahtzugabe versäubern, nach oben bügeln und absteppen. Mit dem Futter-Rückenteil wiederholen.

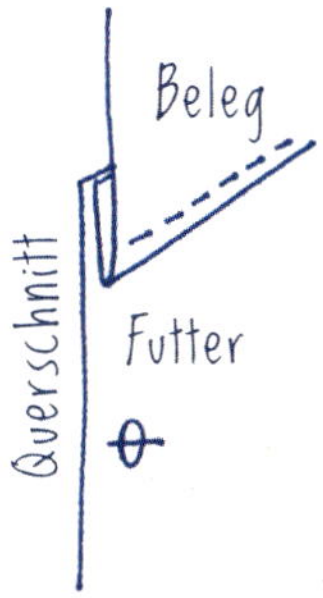

2. SEITENNAHT

Die Rockteile rechts auf rechts legen, Vorderteil unten. Seiten rechts Kante auf Kante legen und 1 cm vor der Stoffkante zusammennähen. Die Nahtzugabe versäubern und Richtung Rückenteil glatt bügeln. Jetzt dasselbe mit dem Futter machen, jedoch die Seitennaht auf der linken Seite schließen.

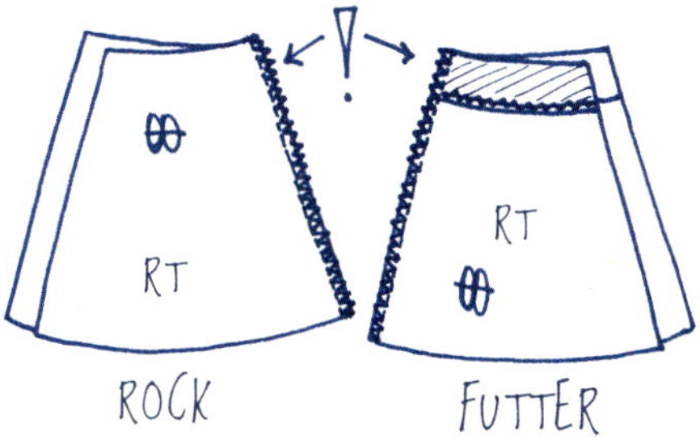

Und dann?
Den Reißverschluss in die andere Seitennaht stecken, diese Seitennaht schließen und dann das Futter in den Rock nähen. Fertig.
Für einen etwas detaillierteren Stufenplan verweise ich gern auf die nächste Seite.

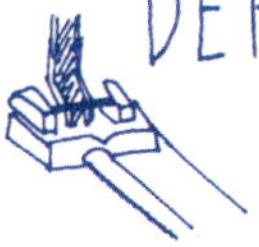

DER VERDECKTE REISSVERSCHLUSS
MIT BELEG UND FUTTER
und ohne einen einzigen Stich von Hand!

DER REISSVERSCHLUSS

Normalen Fuß gegen Fuß für verdeckten Reißverschluss tauschen. Wir fangen mit dem Rock an.

a. Vorder- und Rückenteil 1 cm unter dem Stoffrand mit einem Strich markieren. Den Reißverschluss rechts auf rechts und Kante auf Kante auf den Rock legen, die Reißverschlussverdickung liegt oben direkt unter dem Strich. Den Nähfuß absenken, die Zähnchen werden durch die Aussparung im Fuß geführt. Die Zähnchen leicht aufrollen, damit dicht daneben genäht werden kann. Den Reißverschluss umklappen. Nahtzugabe und Reißverschlusskante liegen nun auf der linken Seite. Mit der anderen Hälfte wiederholen. Immer bis an den Schieber nähen.

b. Die restliche Seitennaht mit dem normalen Reißverschlussfuß schließen, dabei ganz dicht neben der vorigen Naht zu nähen anfangen.

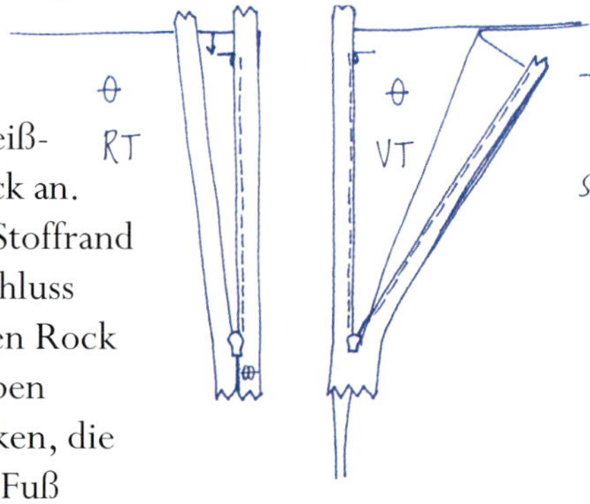

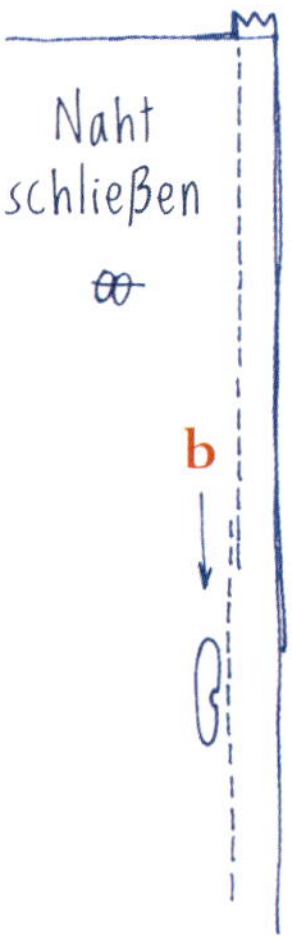

DER BELEG

c. Den Reißverschluss öffnen und die Ecken flach legen, sodass die Rückseite des Reißverschlusses sichtbar ist. Den Beleg rechts auf rechts auf den Rock legen und anstecken oder sofort in Richtung der Pfeile annähen.

d. Komplett rundherum nähen, bis Sie wieder an der Seitennaht angekommen sind. Den Rock um 90° drehen, die Nadel bleibt dabei im Stoff – und weiter neben dem Reißverschluss nähen, bis es nicht mehr weitergeht.

e. Die andere Seite des Belegs ebenso am Reißverschluss annähen und die Ecken oben abschneiden.

f. Die Seitennaht des Futters weiter schließen und alles auf rechts wenden.

g. Mit einem spitzen, nicht zu scharfen Gegenstand die Ecken in Form bringen. Den Beleg mit etwa 2 cm Abstand zum Rand absteppen.

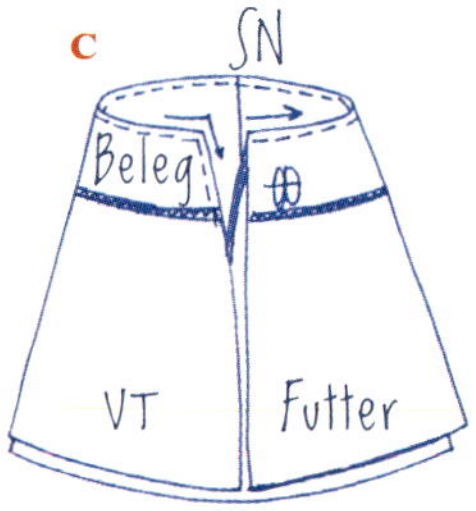

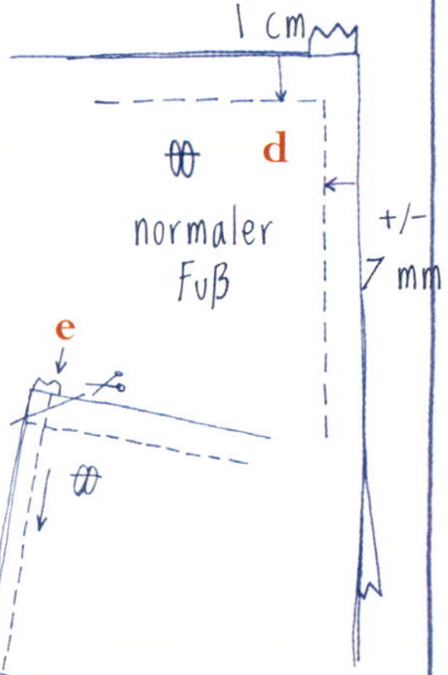

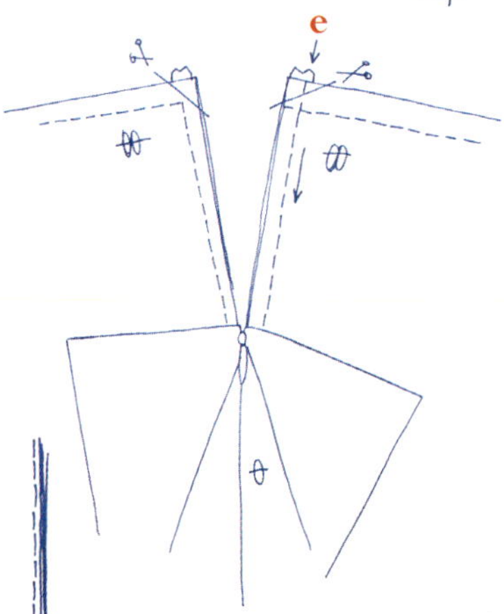

Wenn Sie keinen verdeckten Reißverschluss haben, lesen Sie auf Seite 120 die Anleitung für den normalen Reißverschluss.

3. SAUM

Den Rocksaum 2 cm umbügeln, diesen Saum 1 cm nach innen falten, dann bügeln und annähen. Den Futtersaum genauso arbeiten oder, wie ich, eine Spitzenborte aufnähen. Die Anleitung dazu finden Sie auf Seite 45, beim Rock mit Gummizug.

ROCK OHNE REISSVERSCHLUSS

Wenn Sie gar nicht zurechtkommen oder sicher sind, dass Ihre Schultern doch nicht viel breiter sind als Ihre Taille, können Sie sich noch jederzeit für das Modell ohne Reißverschluss entscheiden.

Dazu bei Schritt 2 auch die andere Seitennaht von Rock und Futter schließen und die Röcke rechts auf rechts ineinanderschieben, oben 1 cm vor der Stoffkante zusammennähen, wenden, die Nähte absteppen und die Säume fertigstellen. Fast so schnell fertig, wie es klingt!

OHNE REISSVERSCHLUSS

BLICKFANG REISSVERSCHLUSS
(vor allem in Pink)

SCHNITTTEILE

Rock

- Vorder- und Rückenteil, Knipse bei vM und hM
- normaler Reißverschluss, am besten auffällig

Futter

- Vorder- und Rückenteil, in einem dünnen Baumwoll- oder Futterstoff, Knipse bei vM und hM

Am Saum beim Futter keine Nahtzugabe anzeichnen, beim Rock 2 cm und an allen anderen Nähten der beiden Röcke 1 cm Nahtzugabe.

DAS NÄHEN

a. Bei Rock und Futter die Seitennähte schließen und im Zickzackstich versäubern.

b. Röcke rechts auf rechts ineinanderschieben und oben 1 cm vor der Stoffkante zusammennähen.

c. Den Reißverschluss an die gewünschte Stelle legen und die untere Kante mit einer Stecknadel markieren. Den Reißverschluss wieder weglegen.

d. Alles schön glatt bügeln und auf der Futterinnenseite die Linien einzeichnen, wo der Reißverschluss hin soll. Die Öffnung muss zwischen 1 cm und 1,5 cm breit sein. Auf den Linien entlangnähen; die Naht oben am Rand ein paar Zentimeter übernähen.

e. Die Nahtrückseite auf Fehler kontrollieren. Wenn alles in Ordnung ist, die umnähte Öffnung bis 2 mm vor den Ecken einschneiden und den Rock wenden. Mit einem nicht zu scharfen, spitzen Gegenstand die Ecken ausformen.

f. Die ganze Oberkante absteppen, sodass alle Nähte schön an ihrem Platz bleiben.

g. Den Reißverschluss auf die Öffnung legen, am Rock feststecken und aufnähen.
Nun noch säumen und der Rock ist fertig.

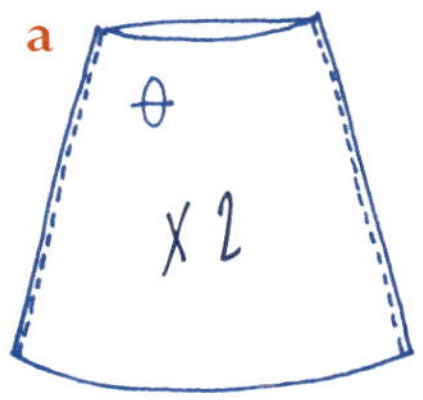

Seitennähte

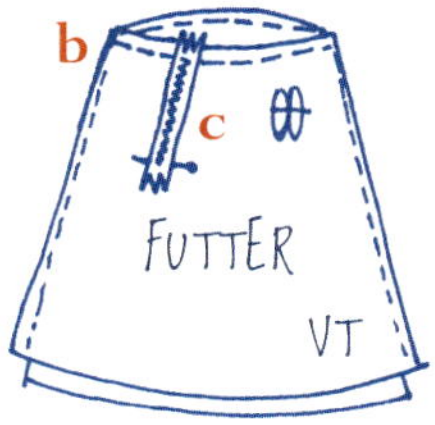

zusammennähen

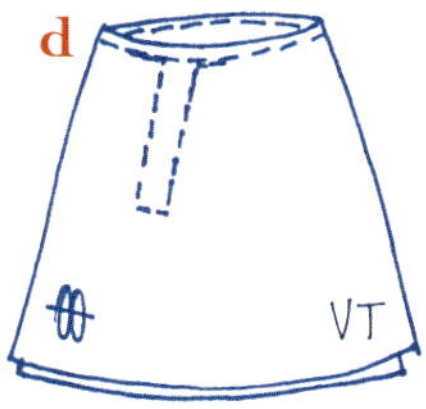

die Öffnung

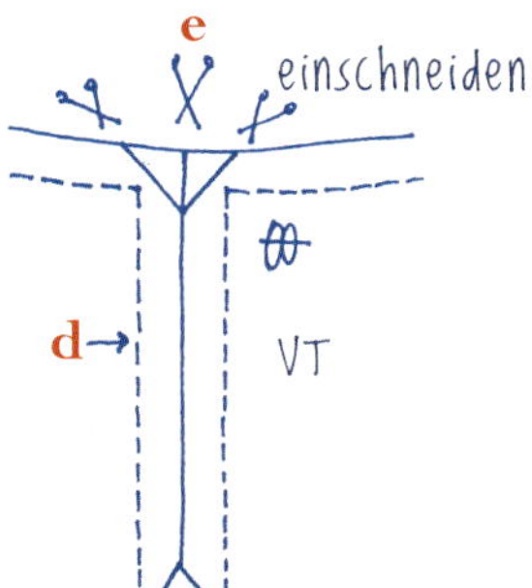

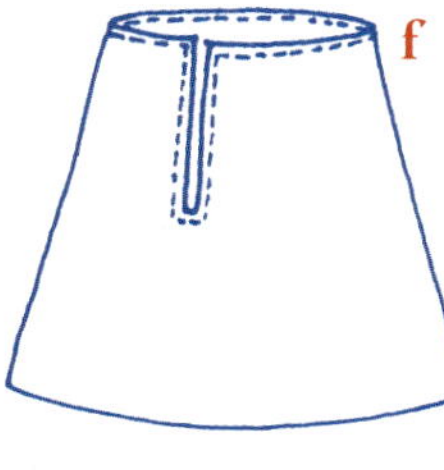

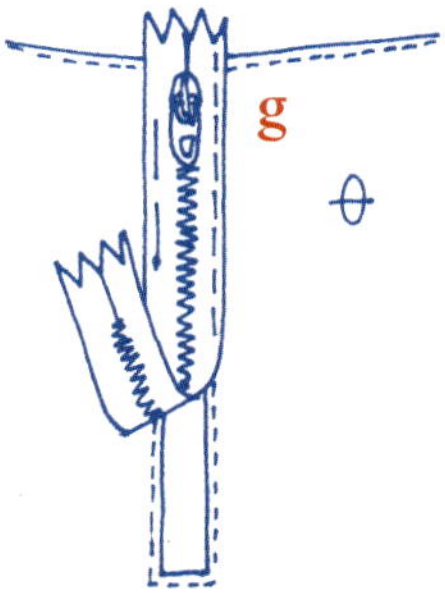

☆STREIFENROCK

Wir brauchen nicht immer gemusterte Stoffe, um anderen die Show zu stehlen. Einfarbige Stoffe sind absolut nicht langweilig, vor allem, wenn man verschiedene Stofffarben kombiniert. Für diesen Rock habe ich das Vorderteil der A-Form in Streifen geschnitten, aber Sie können das auch mit dem Rückenteil und jedem beliebigen anderen Schnitt tun.

SCHNITTMUSTERBOGEN

- A-Form Frauen
- A-Form Mädchen
- Glockenrock Frauen
- Glockenrock Mädchen

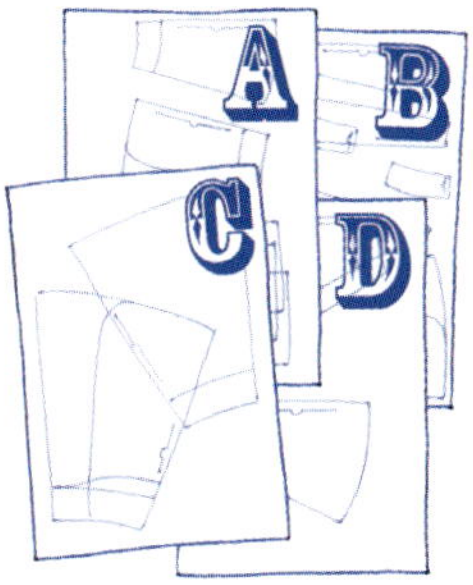

SCHNITTTEILE

- Für das Vorderteil alle Teile aus dem gewünschten Stoff ausschneiden, dabei den Fadenlauf beachten. Am Saum 2 cm und ansonsten 1 cm Nahtzugabe einplanen.
- Rückenteil mit derselben Nahtzugabe wie Vorderteil
- Beleg von Vorder- und Rückenteil, mit Einlage verstärkt

SCHNITTANPASSUNG

Übertragen Sie das Schnittmuster doppelt auf Papier, sodass Sie einen ganzen statt einen halben Schnitt haben. Ziehen Sie im Schnittmuster Linien, die den Rock in einzelne Streifen aufteilen. Pausen Sie bei allen Teilen den Fadenlauf (ist gleich vM) vom Schnittmuster mit ab. Nummerieren Sie die Schnittteile und zerschneiden Sie den Schnitt auf den Linien.

Ich weiß aus Erfahrung, dass sich Streifen aus einfarbigem Stoff nicht immer genauso leicht wieder aneinanderpuzzeln lassen, markieren Sie also der Einfachheit halber die linke obere Ecke auf der rechten Stoffseite mit einem Strich oder einem anderen Zeichen.

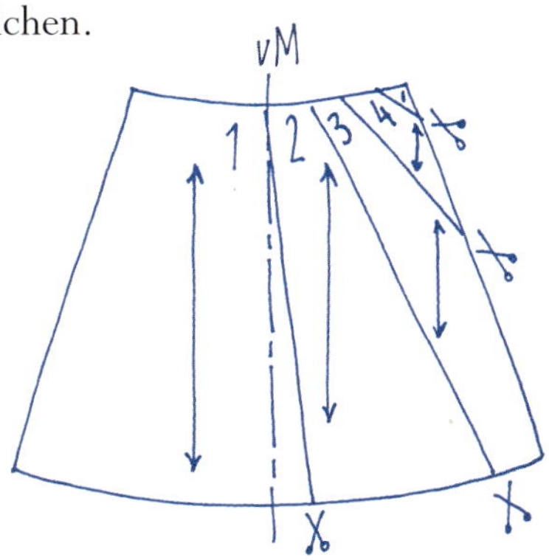

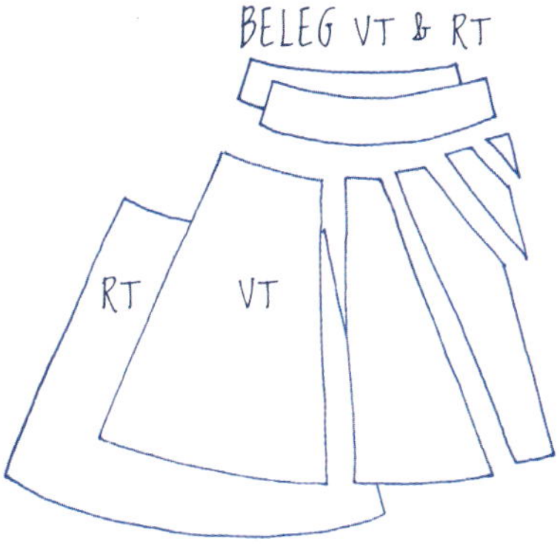

DAS NÄHEN

Alle Streifen in der richtigen Reihenfolge aneinandernähen und die Nahtzugaben versäubern. Weiterarbeiten wie bei einem beliebigen A-Form-Rock, siehe Seite 47.

A-FORM MIT PASPELBAND

Rock mit Paspelband, oder: Erst zerschneiden, dann wieder zusammennähen, allerdings mit einem Hingucker zwischen den Teilen, nämlich der Paspel oder dem Paspelband. Manchmal braucht ein Rock etwas Besonderes. Suchen Sie nicht länger: Die Paspel ist Ihr Ding!

SCHNITTMUSTERBOGEN

- A-Form Frauen
- A-Form Mädchen

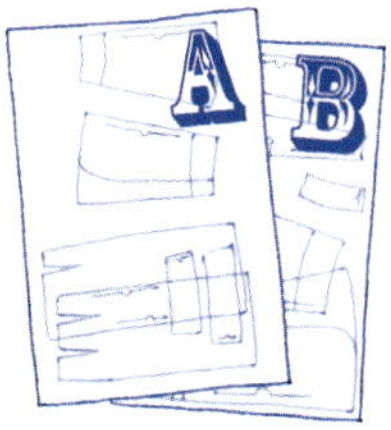

NAHTZUGABE

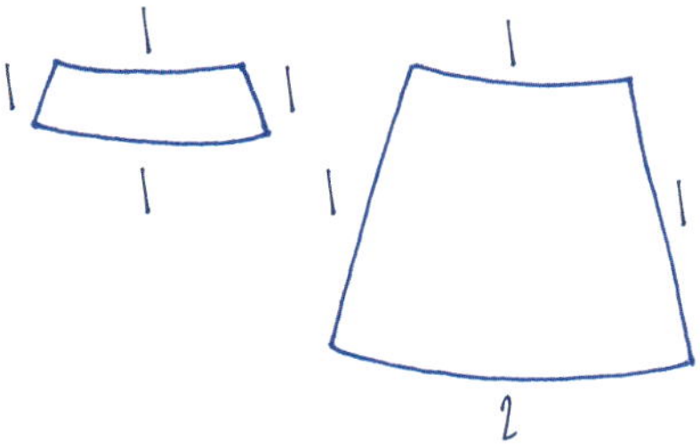

SCHNITTTEILE

Übertragen Sie beim Abpausen des Schnitts auch die Beleglinie. Schneiden Sie das Teil auf dieser Linie durch.

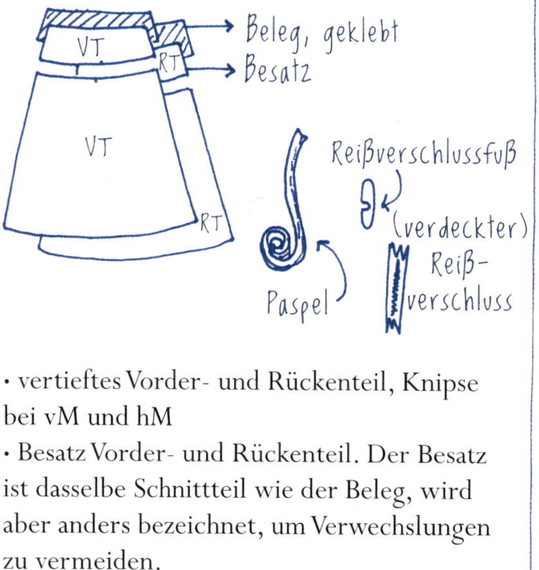

- vertieftes Vorder- und Rückenteil, Knipse bei vM und hM
- Besatz Vorder- und Rückenteil. Der Besatz ist dasselbe Schnittteil wie der Beleg, wird aber anders bezeichnet, um Verwechslungen zu vermeiden.
- Beleg, mit Einlage verstärkt
- verdeckter Reißverschluss
- Paspelband

Extrazubehör
- verdeckter Reißverschluss
- Reißverschlussfuß

PASPEL?

Paspelband wird in der Naht mitgenäht. Ich habe Paspelband immer in ein paar Farben auf Vorrat, es lässt sich aber auch leicht selbst herstellen, falls Sie keins dahaben oder nicht die richtige Farbe finden.
Ein Stück Schrägband oder ein Stoffstreifen, eine Einlegeschnur und ein Reißverschlussfuß, und im Nu hat man ein Paspelband. Den Stoff um die Schnur legen und mit dem Reißverschlussfuß dicht neben der Schnur entlangnähen.

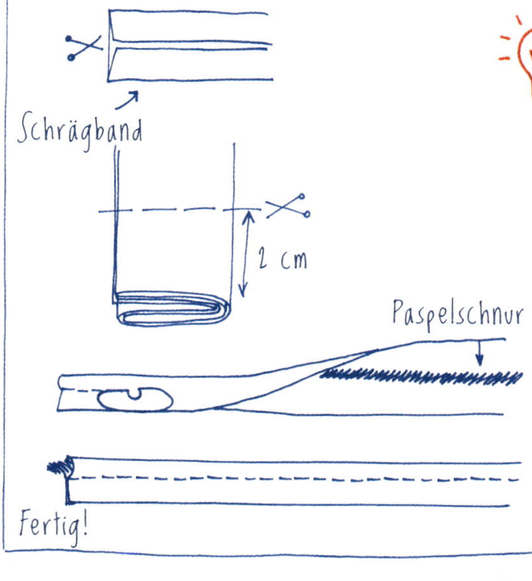

A-FORM MIT PASPEL

1. SEITENNAHT

Vorder- und Rückenteil rechts auf rechts legen, das Vorderteil liegt unten. Die Seiten rechts Kante auf Kante legen und 1 cm vor der Stoffkante zusammennähen. Die Nahtzugabe versäubern und zum Rückenteil hin flach bügeln. Mit dem Besatz wiederholen.

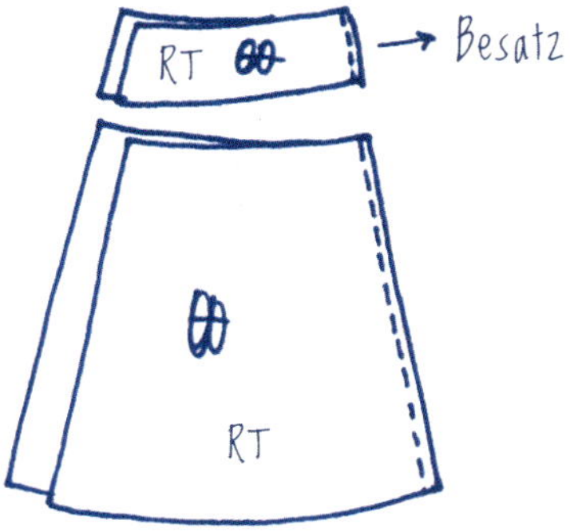

ROCK OHNE FUTTER

Den Beleg ebenfalls rechts auf rechts legen, aber jetzt die linke Seitennaht schließen. Die untere Belegkante säumen oder mit Zickzackstich versäubern bzw. mit Schrägband einfassen.

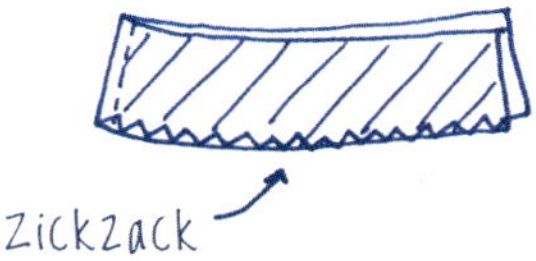

ROCK MIT FUTTER

Zweimal Futter an den Beleg nähen und dann die Seitennaht schließen. Auf Seite 51 finden Sie mehr Zeichnungen zu diesem Schritt.

2. PASPEL

a. Das Paspelband mit nach unten gerichteter Wulst auf die rechte Seite des Rocks legen und aufnähen. Die Wulst beginnt in 1 cm Abstand vom Rockrand. Mit einem Reißverschlussfuß (der bei jeder Maschine anders aussieht) gelingt dies am besten. Da die Nahtzugabe 1 cm beträgt und ein Paspelband meistens etwas schmaler ist, messen Sie lieber erst ab, wie weit es von der Naht weg liegen muss. Paspel direkt annähen oder mit Stecknadeln, Textilkleber oder Wondertape arbeiten.

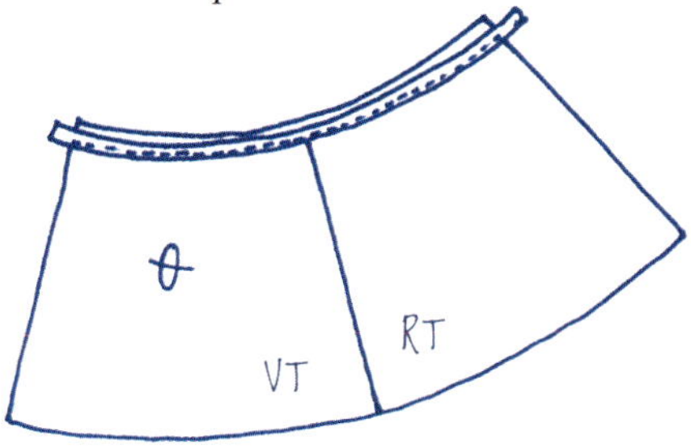

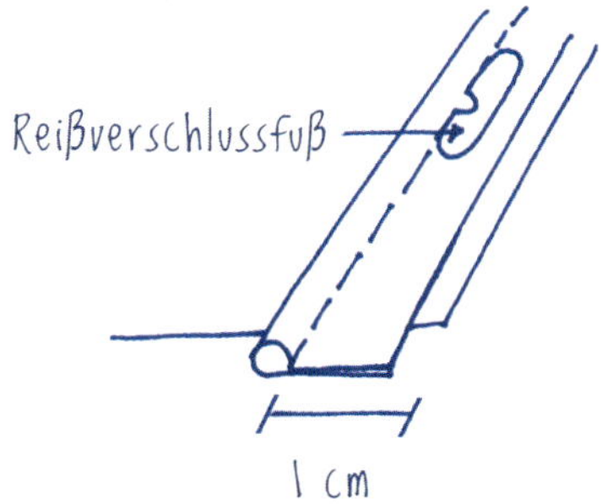

Der Fuß sei dein Wegweiser!

b. Den Besatz rechts auf rechts auf den Rock legen, Besatz zuunterst. Feststecken und beide Teile auf der Naht aus Schritt a zusammennähen.

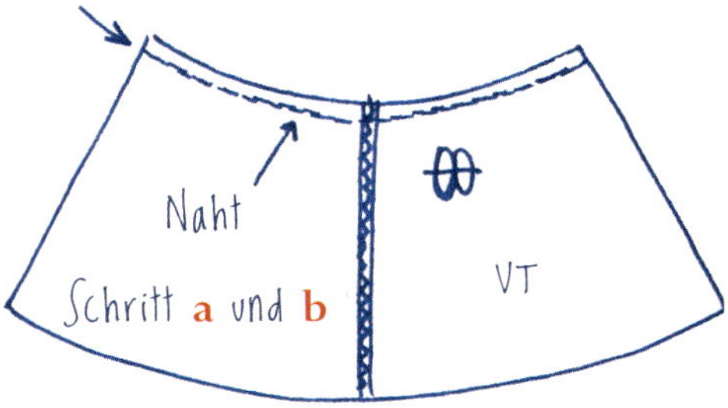

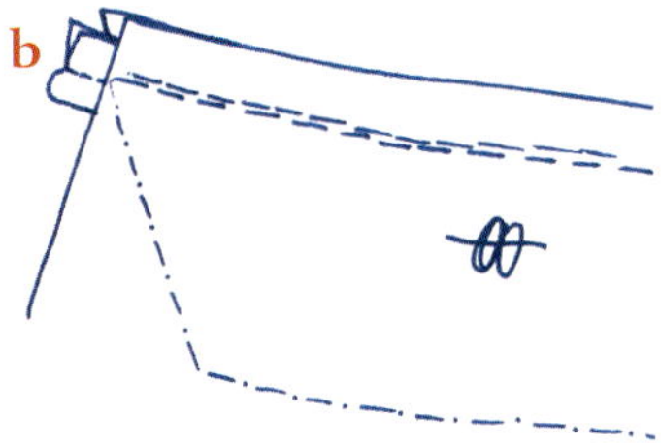

c. Die Nahtzugaben nach oben bügeln.

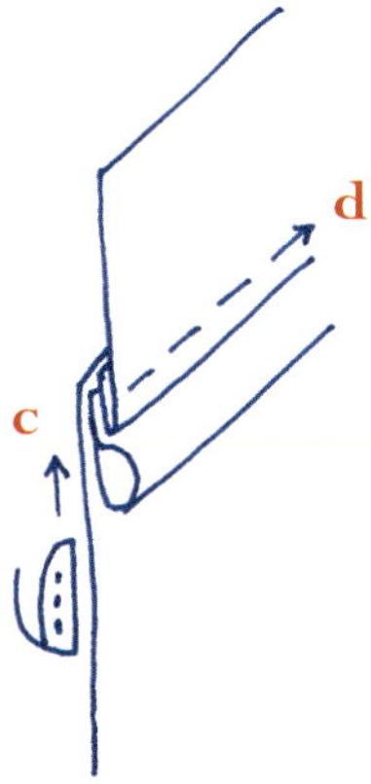

d. Beim Rock mit Futter den Besatz oberhalb der Paspel absteppen. Beim Rock ohne Futter warten Sie hiermit noch, siehe Schritt 4.

3. DER REST

Reißverschluss, Seitennaht und Beleg so fertigstellen, wie auf Seite 52 gezeigt.

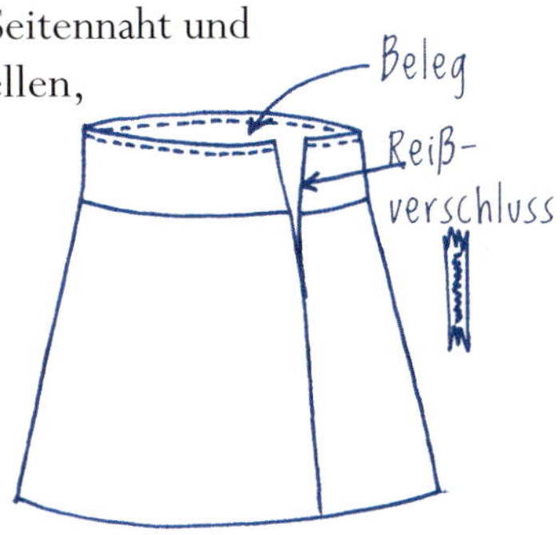

4. ABSCHLUSS

Den Rock oben absteppen, damit alle Nähte an ihrem Platz bleiben. Beim Rock ohne Futter jetzt den Besatz oberhalb der Paspel absteppen. Darauf achten, dass die Nahtzugaben auf der Rückseite nach oben gelegt sind und der Beleg in der Naht mit erfasst ist.

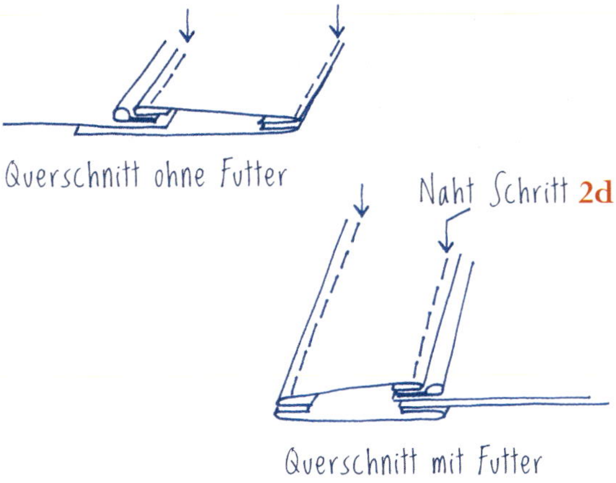

5. SAUM

Den Saum 2 cm umbügeln, 1 cm einschlagen, bügeln und festnähen.

☆UNTERRÖCKE

Endlich ziehen Sie den schönen, neuen Rock an und dann … kann man quasi durchgucken. Schlüpferalarm! Mir brauchen Sie davon nichts zu erzählen.

Aber es gibt ja – tataa! – den Unterrock. Das Wundermittel, wenn es etwas mehr sein darf: Ein schlichter Rock macht mit einem Unterrock in passender Farbe gleich mehr her. Ein Unterrock macht Futter überflüssig und hat den Vorteil, dass man den eigentlichen Rock im Winter wie im Sommer tragen kann. Ein gefütterter Rock ist im Sommer oft zu warm.

Da ein Unterrock meistens unsichtbar bleibt, ist der Schnitt entsprechend, es gibt nämlich keinen. Sie könnten den Schnitt der A-Form oder des Glockenrocks nehmen, aber dann muss auch ein Reißverschluss hinein und zwei Reißverschlüsse übereinander sind zu viel des Guten.
Im Hause Zsazsa werden Unterröcke mit einem Gummizug gearbeitet und sind oben so weit, dass man auf allen Wegen bequem hineinkommt. Die Taille ist also genauso breit wie der Hüftumfang.

Ich zeige zwei Röcke, aber ich habe mich auch schon an eine Schnellversion gewagt im Stil von: Man nehme ein Stück Stoff, falte es in der Mitte, schließe die Seitennaht und stecke oben einen Gummizug hinein.

röcke

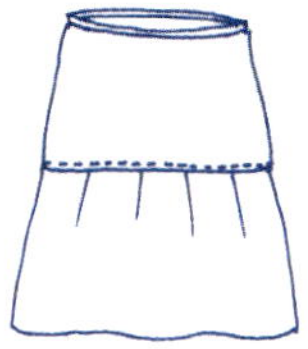

DER Darf-es-etwas-mehr-sein-UNTERROCK

DER Bitte-alltäglich-UNTERROCK

Bei **der ersten Version** soll der Unterrock sichtbar sein. Sorgen Sie also dafür, dass sich das lohnt: Nähen Sie eine schöne Spitzenborte an den Stoff oder schaffen Sie viel Volumen in einer hübschen Farbe. Kein hervorschauendes Beige! Nehmen Sie Voile oder Tüll in einer leuchtenden Farbe. Schließen Sie die Seitennaht von Ober- und Unterteil und nähen Sie das untere Stück gekräuselt an das obere. Klare Anleitung siehe Seite 116.

Für **die zweite Version** pausen Sie den A-Form-Schnitt ab, verbreitern den Rock aber oben auf jeder Seite um 5 cm, sodass Sie ihn über die Hüften anziehen können. Seitennähte schließen und Spitzenborte wie beim ersten Rock in diesem Buch an den Saum nähen, siehe Seite 45.
Verwenden Sie für diesen Rock einen einfachen Futterstoff.

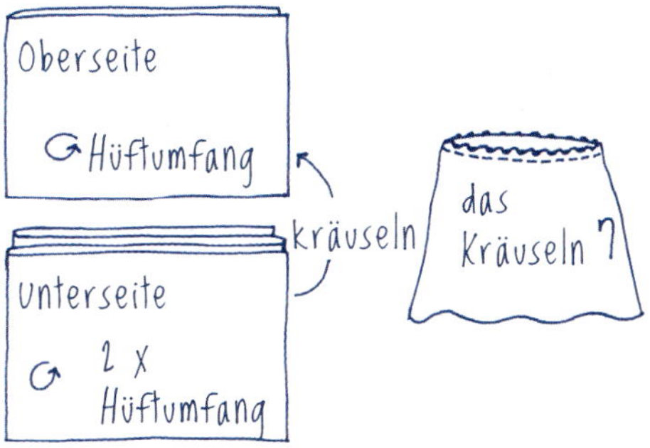

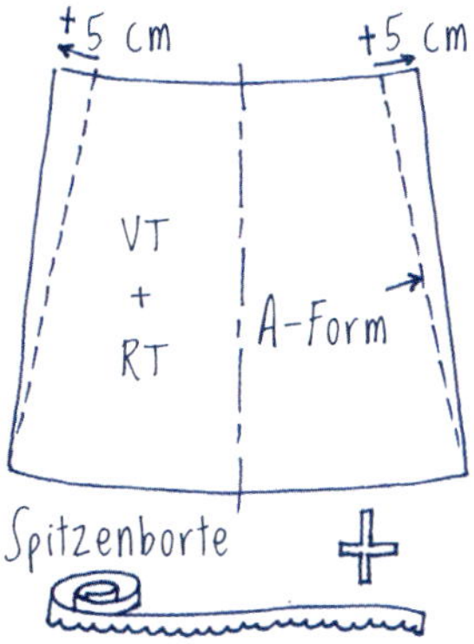

Es gibt speziellen Wäschegummi, der für diesen Unterrock ideal ist, weil man ihn direkt an die Oberkante nähen kann. Wer keinen hat, verwendet einen nicht zu breiten Gummizug und spannt ihn nicht zu fest.
Die schnelle Methode: Den Rock am zusammengenähten Gummizug feststecken. Den Gummizug an den Rock nähen und dabei ein wenig dehnen, dann in den Stoff „einwickeln" und noch einmal nähen (diesen Schritt überspringen, wenn Wäschegummi verwendet wird).
Sie können auch einen Tunnel nähen und den Gummizug einziehen. So kann man seine Länge später immer noch anpassen.

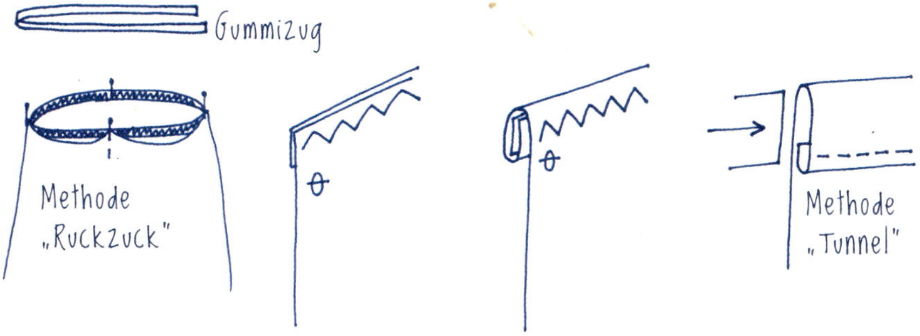

ROCK MIT JERSEY-BUND

Dieser Rock ist schön für große und kleine Mädchen und ideal für frisch entbundene Mütter. Der breite Bund hat nämlich magische Kräfte: Alles, was daruntersteckt, wirkt flach! Dass dies bloßer Schein ist, brauchen Sie ja niemandem auf die Nase zu binden.
Kleine Mädchen tragen ihn gern, weil er bequem sitzt. Außerdem können Sie ihn schnell an- und ausziehen, und er ist im Handumdrehen genäht. Nur Vorteile!

Für diesen Rock wird nur der untere Teil vom Schnittmuster übertragen, der obere Teil wird durch einen Bund aus dehnbarem Stoff ersetzt. Dadurch kann man den Rock ohne Reißverschluss anziehen.
Bei Röcken, die komplett aus dehnbarem Stoff genäht werden, übertragen Sie das komplette Schnittmuster. Weil dann nichts am Schnitt verändert wird, finden Sie diese Röcke unter den verwendeten Schnitten wieder, über das Buch verteilt. Beim Glockenrock finden Sie weitere Informationen über das Arbeiten mit dehnbaren Stoffen. Wer diesen Rock gern mit einem Futter macht, sollte die Anleitung auf Seite 69 lesen.

SCHNITTMUSTERBOGEN

- A-Form Frauen
- A-Form Mädchen
- Glockenrock Frauen
- Glockenrock Mädchen

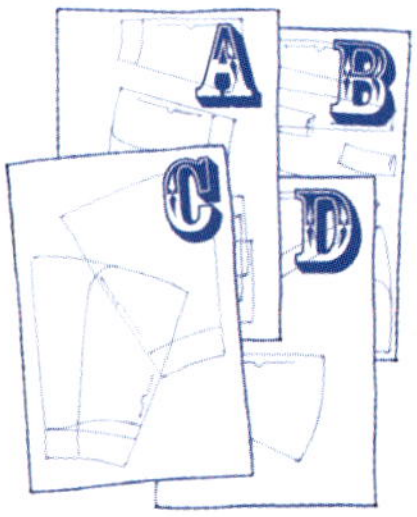

SCHNITTTEILE

- Vorder- und Rückenteil ab der Beleglinie abpausen, Knipse bei vM und hM.
- Breiter Bund aus – in der Länge – dehnbarem Stoff, Länge und Breite sind abhängig von der Dehnbarkeit des Stoffes. Nehmen Sie einen Stoff, der nicht zu dünn ist, denn er muss kräftig genug sein, um den Rock oben zu halten. Man kann alles Mögliche nehmen: Jersey, Bündchenstoff (Pulloverärmel-Bündchenstoff) oder sogar den unteren Teil eines zu kleinen T-Shirts.

NAHTZUGABE

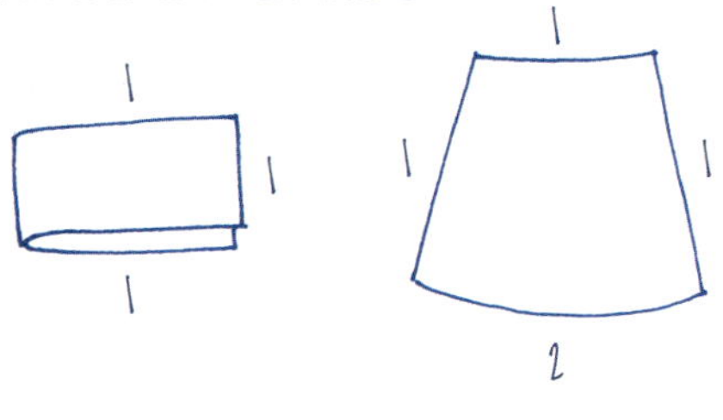

RICKY
SHOW
MIT DEM
SPRECHENDEN
PINGUIN
www.wienercircus.com

1. DER BUND

a. Den Bund rechts auf rechts zusammenlegen und zunähen. Nehmen Sie den Zickzackstich oder noch besser eine Overlock-Nähmaschine, wenn sich der Stoff zu sehr ausdehnt.

b. Bund mit der Naht nach innen zur Hälfte legen und „anprobieren“. Machen Sie ihn notfalls enger. Die Bundkanten können Sie zusammen versäubern.

c. Wenn die Größe sicher stimmt, den Bund in vier gleiche Abschnitte unterteilen; mit Knipsen markieren.

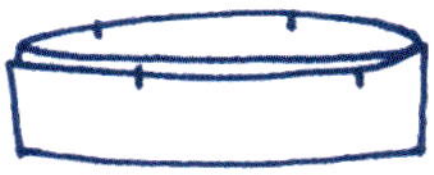

2. SEITENNAHT

a. Das Vorderteil rechts auf rechts auf das Rückenteil legen, mit 1 cm Abstand zur Stoffkante zusammennähen. Nahtzugaben versäubern und zum Rückenteil bügeln.

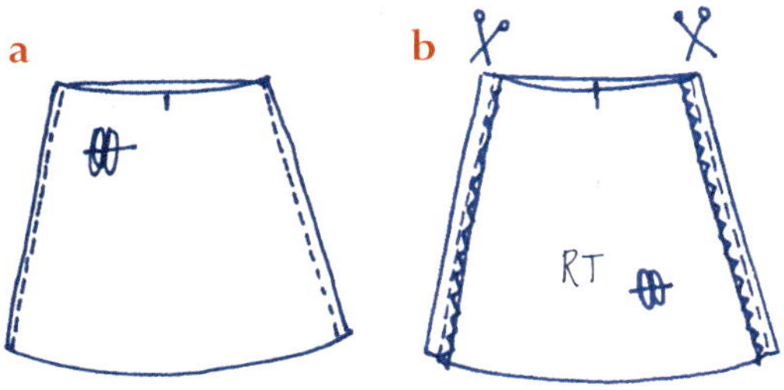

b. Legen Sie nun den Rock flach hin, die Knipse von hM und vM aufeinander. Links oder rechts neben der Seitennaht leicht einschneiden, sodass auch der Rock in vier gleiche Abschnitte unterteilt ist (das Vorderteil ist immer etwas breiter als das Rückenteil).

3. EINS ZUM ANDERN

a. Den Bund über den Rock schieben und feststecken, alle Knipse liegen aufeinander.

b. Den Bund an den Rock nähen. Dazu den Bund kantengleich auf die rechte Rockseite legen. Den Bund so weit dehnen wie nötig. Die Nahtzugaben mit Zickzackstich zusammen versäubern.

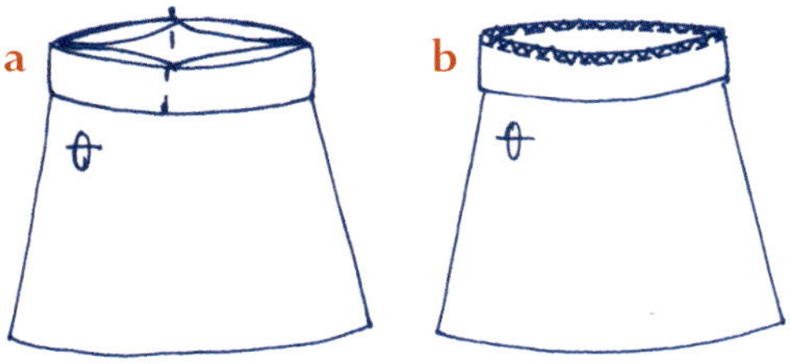

c. Den Bund hoch- und die Nahtzugaben hinunterklappen. Die Nahtzugaben am Rock feststeppen.

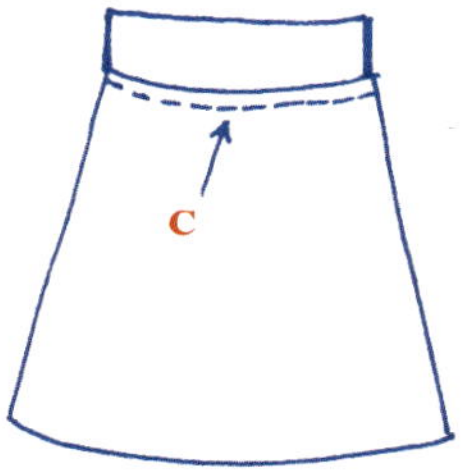

4. SAUM

Den Saum 2 cm umbügeln, 1 cm einschlagen, bügeln und festnähen.

SCHWANGERSCHAFTSROCK

Ich weiß nicht, wie es bei Ihnen ist, aber ich konnte bei meinen Schwangerschaften durchaus etwas Stretching gebrauchen. Stretching und Unterstützung, nicht nur geistig, sondern auch körperlich. Sie bestimmen selbst, wie hoch der Bund kommt. Ich trug ihn immer am liebsten bis zum Nabel und dann einmal zurückgeschlagen, so in der Art, aber Sie ziehen ihn vielleicht lieber ganz über den Bauch. Und genau darin liegt der Vorteil von Do-it-yourself: Machen Sie doch, was Sie wollen! Dieser Rock ist gefüttert. Möchten Sie lieber kein Futter, überspringen Sie den Abschnitt. Auch der Saum ist einmal anders: Anstelle eines schmalen nehmen wir hier einen breiten Saum – was nach einem klärenden Wort verlangt, sonst müssen Sie zum Schluss „wurschteln", aber das sehen Sie ganz am Ende. Und wenn Sie dazu jetzt schon keine Lust haben, nehmen Sie einfach die üblichen 2 cm Saum. Ich hab's schon gesagt, machen Sie doch, was Sie wollen!

SCHNITTMUSTERBOGEN

- A-Form Frauen
- Glockenrock Frauen

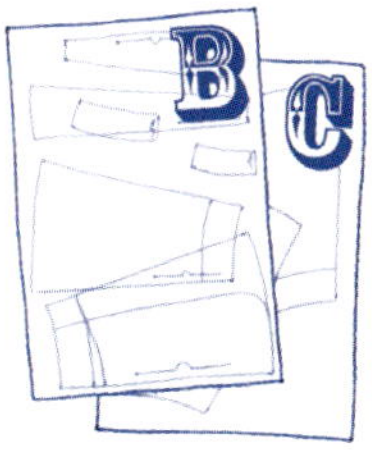

SCHNITTTEILE

Übertragen Sie für das Vorderteil das Schnittteil ab der Schwangerschaftsrocklinie. Für das Rückenteil übertragen Sie das Muster ab der Beleglinie.

Rock

- Vertieftes Vorder- und Rückenteil, vM und hM mit einem Knips markieren.
- Breiter Bund aus dehnbarem Stoff, Länge und Breite richten sich nach Vorliebe und Stoff. Der Stoff muss kräftig genug sein (also nicht zu dünn), um den Rock hochzuhalten, und sich in die Breite dehnen, da es ja Platz für zwei braucht.

Bedenken Sie auch, dass der Stoff lang genug zum Zusammenlegen und Annähen sein muss.

Futter

- vertieftes Vorder- und Rückenteil, Knipse bei vM und hM.

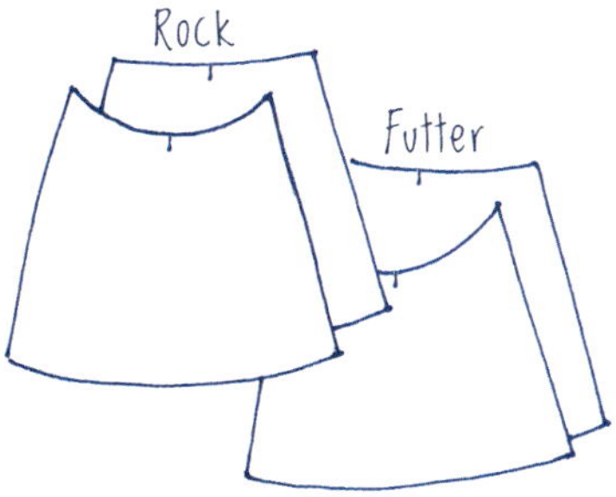

NAHTZUGABE

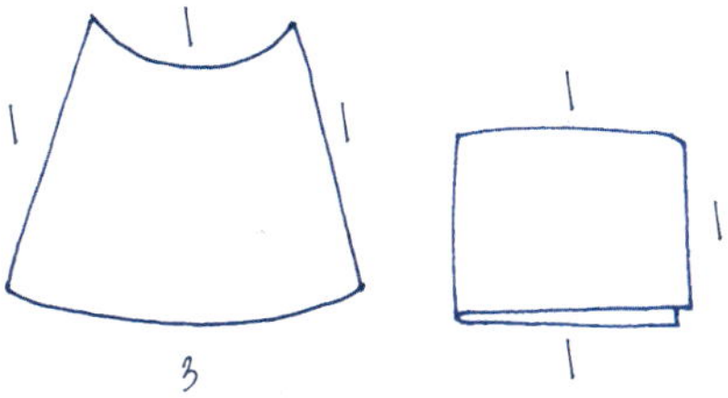

1. DER BUND

a. Den Bund rechts auf rechts zusammenlegen und zunähen. Arbeiten Sie mit Zickzackstich oder Overlock, wenn sich der Stoff zu sehr dehnt.
b. Den Bund mit der Naht nach innen zur Hälfte legen und anprobieren.
c. Stimmt die Größe, den Bund in vier gleiche Abschnitte unterteilen und diese durch Knipse markieren. Falls gewünscht, die Bundkanten zusammen versäubern.

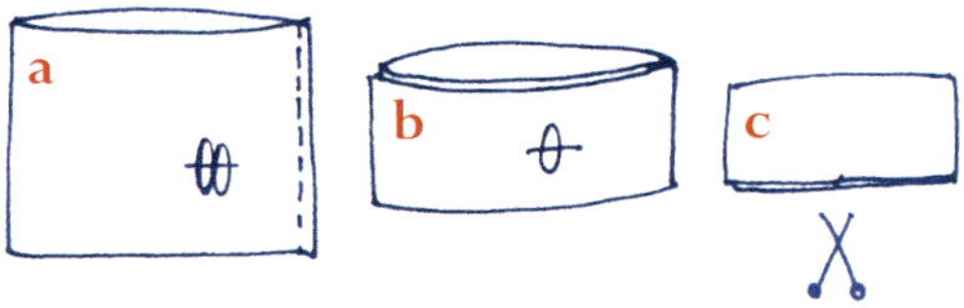

2. SEITENNAHT

a. Das Vorderteil rechts auf rechts auf das Rückenteil legen, mit 1 cm Abstand zur Stoffkante zusammennähen. Die Nahtzugaben versäubern und zum Rückenteil bügeln.
b. Die Knipse von vM und hM exakt übereinanderlegen, Rock- und Futterteile fest aufeinanderdrücken und links und rechts neben der Seitennaht leicht einschneiden, sodass der Rock in vier gleiche Abschnitte unterteilt ist (das Vorderteil ist immer etwas breiter als das Rückenteil).

3. EINS ZUM ANDERN

a. Den Bund über den Rock (nicht das Futter) schieben und feststecken, die Knipse jeweils übereinander.

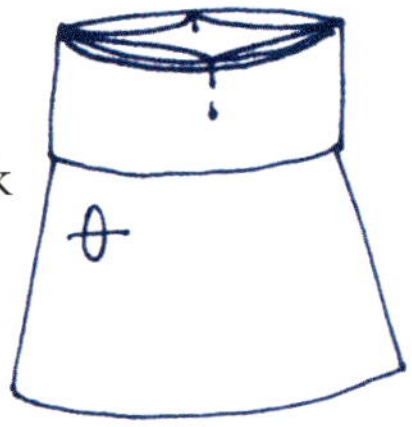

b. Den Bund an den Rock nähen. Dazu den Rock nach unten und den Bund nach oben legen. Den Bund so weit dehnen wie nötig.

c. Dies mit dem Futterrock wiederholen. So befinden sich alle Nähte zwischen den beiden Röcken und man hat am Schluss ein perfekt abgeschlossenes Exemplar. Wer die Traute hat, erledigt b und c auf einmal, aber ich will nichts hören, wenn der Bund hier und da dann doch nicht ordentlich in der Naht miterfasst ist!

4. BREITER SAUM

Bis hierher hatten alle Röcke einen 1 cm breiten Saum, und das ist nicht ohne Grund so. Bei breiteren Säumen können nämlich Probleme auftreten, schauen Sie mal.

a. Durch das Verlängern wird der Saum bei einem ausgestellten Rock breiter als die Stelle, an der er angenäht werden muss. Was nun?

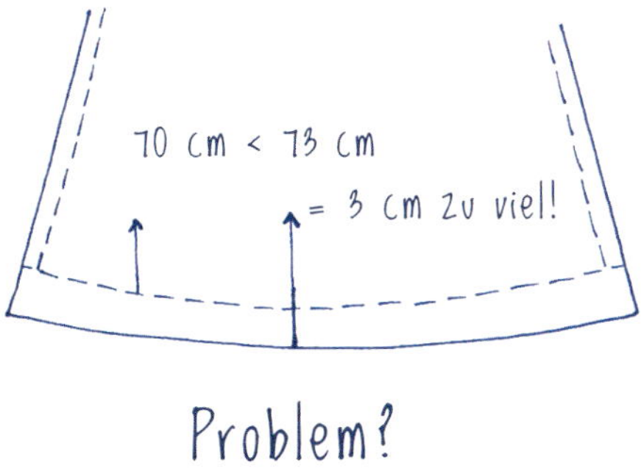

b. Sehr einfach: Nach dem Ausschneiden des Schnitts an beiden Linien die Breite messen und den Überschuss an den Seiten wieder wegnehmen. Gelöst!

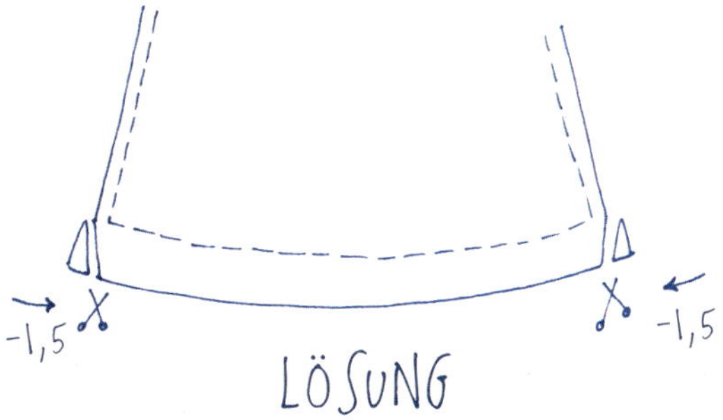

c. Die Saumzugabe erst 1 cm, dann 2 cm umbügeln und annähen.

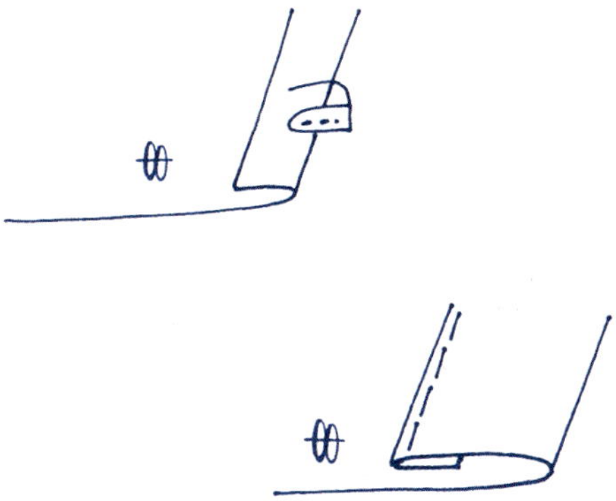

SCHWANGER-SCHAFTSROCK

☆ BAHNENROCK MIT GUMMIZUG

Halten Sie's schlicht mit Bahnen in derselben Farbe, etwas ausgelassener mit Farben aus demselben Farbspektrum oder machen Sie etwas Irres daraus und ahmen Sie ein Zirkuszelt nach. Alles ist erlaubt, alles geht, und ich hab's gemacht. Für mich selbst nähe ich den Bahnenrock mit Reißverschluss und Beleg, aber für Kinder nehme ich einen Gummizug.

Die Nähte werden dieses Mal anders versäubert: nicht mit dem Zickzackstich wie bei den vorigen Röcken, sondern mit einer französischen Naht – oder „auf die feine Art". Das dauert natürlich etwas länger, aber das Ergebnis ist dann auch entsprechend.

In der folgenden Anleitung beschreibe ich die Version mit Gummizugbund für Kinder, am Schluss steht die Umsetzung mit Beleg und Reißverschluss.

SCHNITTMUSTERBOGEN

- Bahnenrock Mädchen
- Bahnenrock Frauen

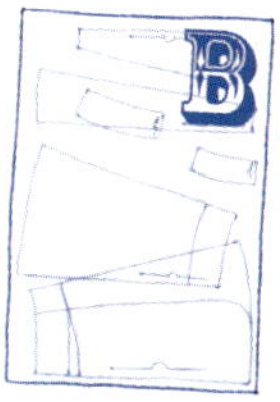

NAHTZUGABE

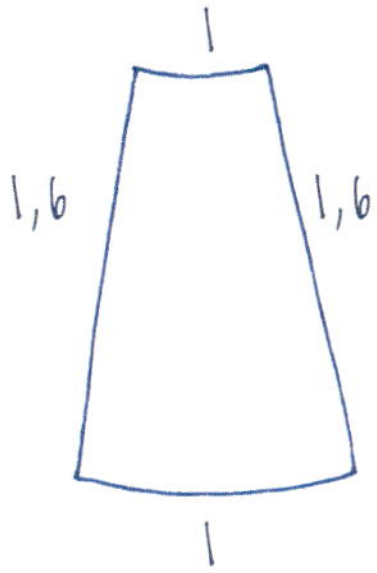

SCHNITTTEILE

- 6 x die Bahn in der gewünschten Größe
- Bund, verstärkt mit Einlage, 7,5 cm breit, Länge siehe Tabelle auf Seite 13, für die Naht 2 cm dazurechnen.
- 2,5 cm breiter Gummizug, Länge am Kind abmessen.
- Spitzenborte als Saum

1. FRANZÖSISCHE NAHT

a. Zwei Bahnen **links auf links** legen. In 0,5 cm Abstand zur Kante nähen.

b. Die Bahnen auffalten und die Nahtzugaben schön flach zu einer Seite bügeln, lose Fadenenden abschneiden.
Das Stück wenden (Teile rechts auf rechts) und die Seitennaht nochmals absteppen, dieses Mal mit 1 cm Abstand zur Kante, sodass die unversäuberten Kanten verschwinden.
Mit allen sechs Teilen wiederholen.

c. Lehnen Sie sich entspannt zurück und betrachten Sie Ihr Werk: Wie sauber das verarbeitet ist!

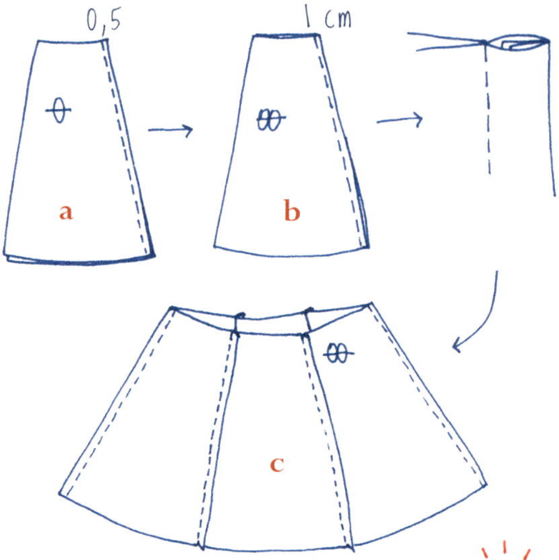

2. DER REST

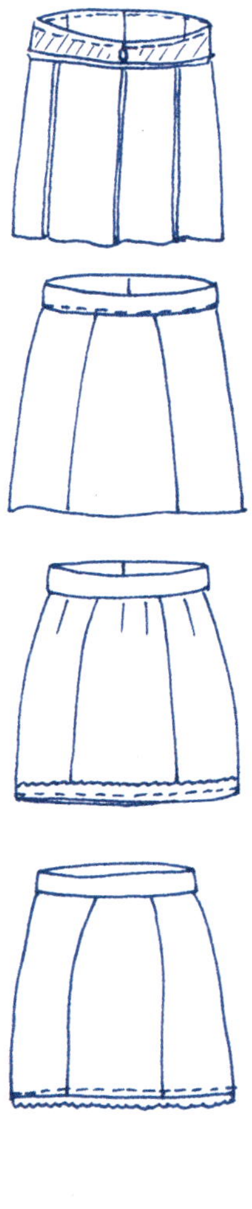

Abschluss von Bund und Saum siehe Seite 44.

BAHNENROCK

BAHNENROCK

MIT REISSVERSCHLUSS UND BELEG

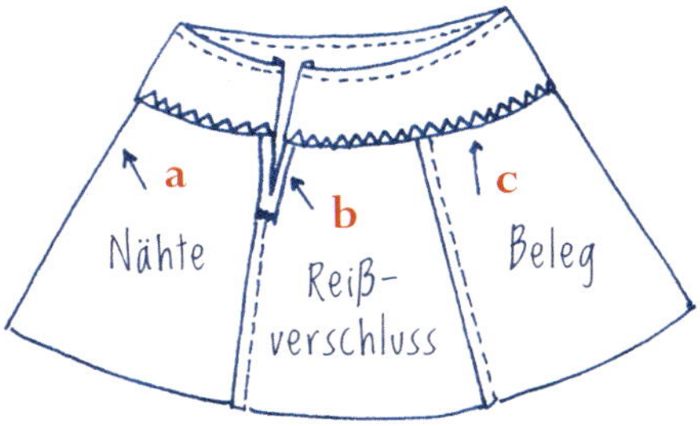

SCHNITTTEILE

- 6x die Bahn in der gewünschten Größe
- 2x Beleg, mit Einlage verstärkt
- Spitzenborte als Saum
- verdeckter Reißverschluss

Extrazubehör

- Reißverschlussfuß
- Nähmaschinenfuß für verdeckten Reißverschluss

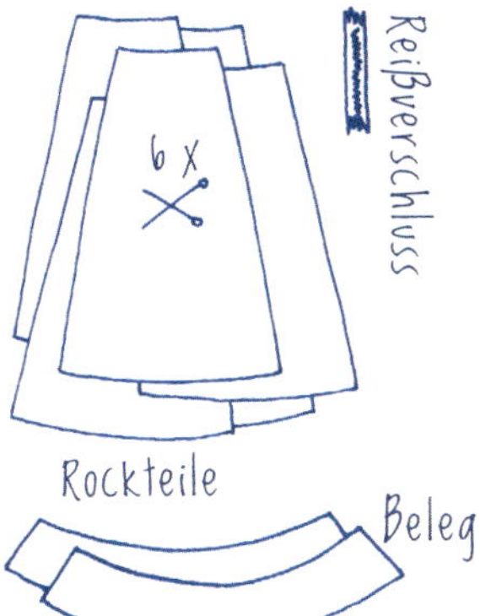

NAHTZUGABE

DAS NÄHEN

a. Die Bahnen und eine Seite der Belegteile mit 1 cm Abstand zur Kante zusammennähen, Nahtzugaben versäubern und flach bügeln.
b. und **c.** Eine Naht für den Reißverschluss offen lassen und Rock wie auf Seite 52 beschrieben fertigstellen.

GLOCKENROCK

Der Glockenrock, gleich eine Nummer zwangloser als die ober-geradlinige A-Form. Ich fühle mich in solchen Röcken immer ein wenig wie Sandy. Weil mir das „Fifties"-Flair so gefällt, habe ich diesen Rock mit einem Bund gemacht, dadurch bleibt er etwas höher in der Taille sitzen. Zwischen Rock und Bund steckt ein weißes Paspelband. Dessen Farbe taucht im Rock und in der Spitzenborte unten wieder auf. Das sind so kleine Dinge, die den Menschen glücklich machen.*

Es muss ja nicht immer außergewöhnlich sein. Sie können den Rock auch mit einem Beleg machen, dann sind Sie auf jeden Fall schneller fertig. Den Beleg holen Sie aus dem Rock, diese Linien stehen da nicht ohne Grund!

**Sandy aus „Grease", für die Küken.*

SCHNITTMUSTERBOGEN

- Glockenrock Mädchen
- Glockenrock Frauen

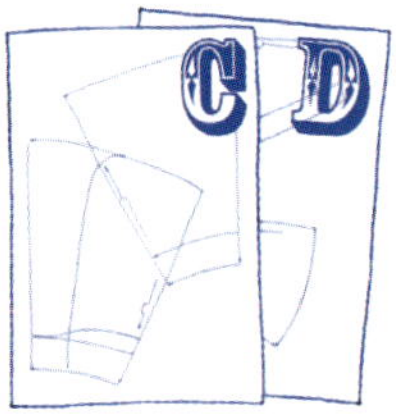

SCHNITTTEILE

- Vorder- und Rückenteil, Knipse bei vM und hM
- Bund, verstärkt mit Einlage, 8 cm breit, Länge siehe Tabelle auf Seite 13, für Naht und Knopfriegel 5 cm dazurechnen.
- Paspelband
- Reißverschluss und Knopf
- Spitzenborte für den Saum

Extrazubehör

- Reißverschlussfuß
- Nähmaschinenfuß für verdeckten Reißverschluss

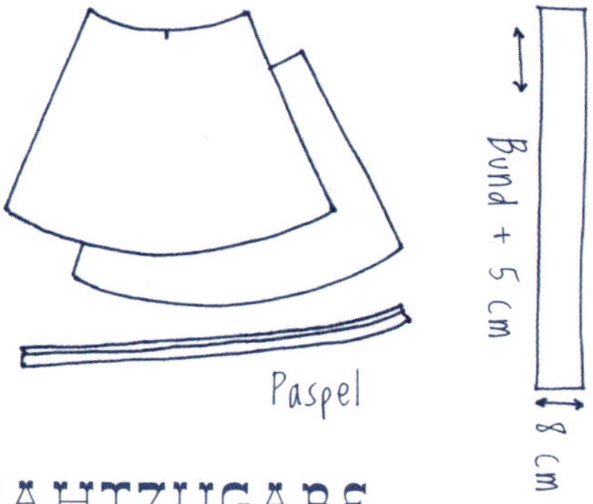

NAHTZUGABE

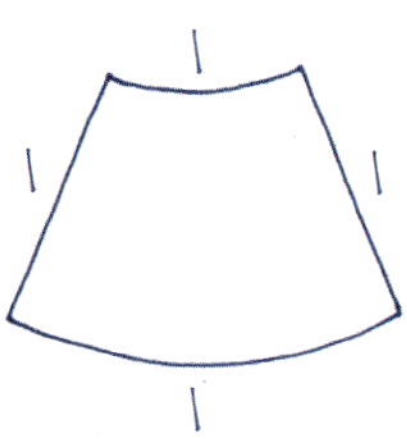

1. SEITENNAHT

Rückenteil rechts auf rechts auf das Vorderteil legen, die Seitennaht rechts 1 cm vor der Stoffkante schließen, die Nahtzugaben mit Zickzackstich versäubern und Richtung Rückenteil flach bügeln.

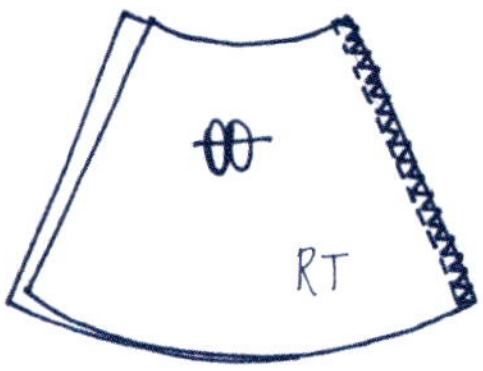

2. REISSVERSCHLUSS

Mithilfe der Anleitung auf Seite 52 den Reißverschluss in die linke Seitennaht einsetzen und die restliche Seitennaht schließen.

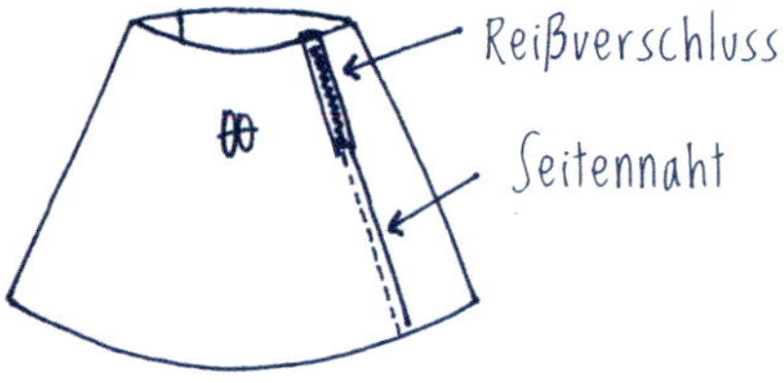

3. BUND

a. Von der Bundvorderseite 1 cm nach hinten umbügeln.

b. Bund an den Rock nähen. Dazu den Bund beim Rückenteil an der Rockinnenseite 1 cm über den Reißverschluss überstehen lassen. Ringsherum bis zum Reißverschluss am Vorderteil nähen. Hier müssen 4 cm überstehen.

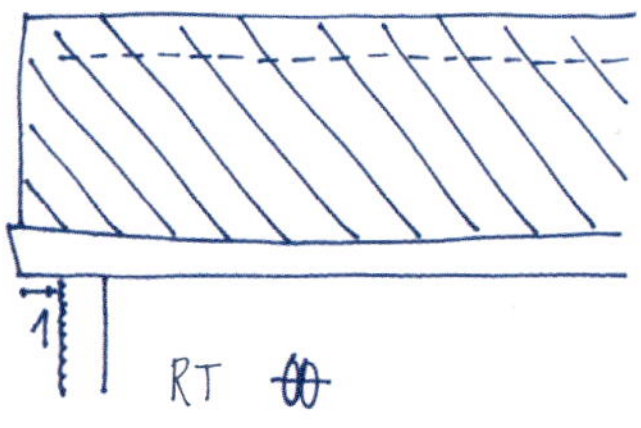

c. Den Bund gemäß Zeichnung falten, die Schmalseite zunähen und beide Ecken zurückschneiden.

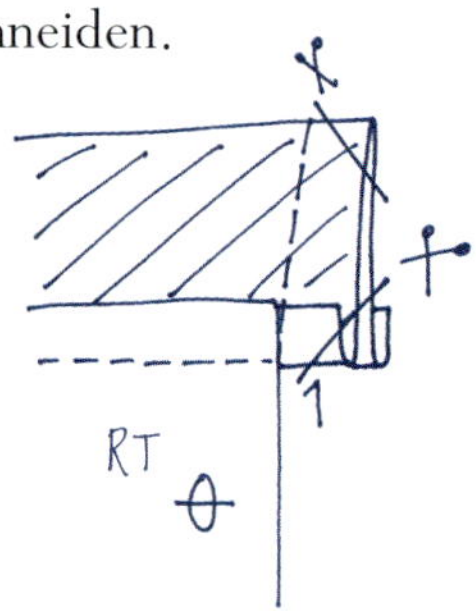

d. Wiederholen für den Bund am Vorderteil, siehe Zeichnung.

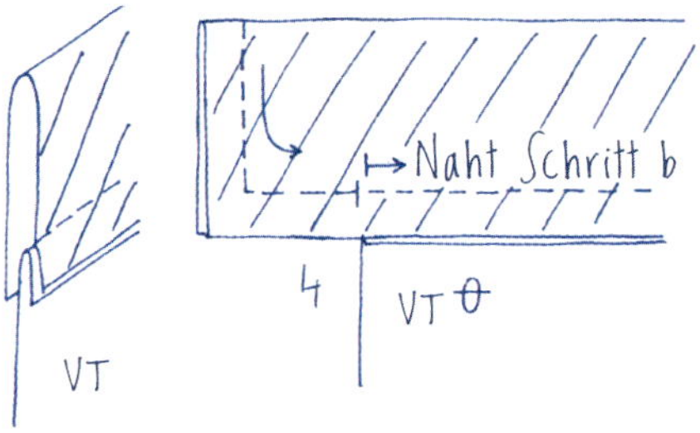

e. Den Bund nach rechts wenden, sodass die Nähte innen im Bund liegen, die Ecken ausformen und die Nahtzugaben nach oben glatt bügeln.

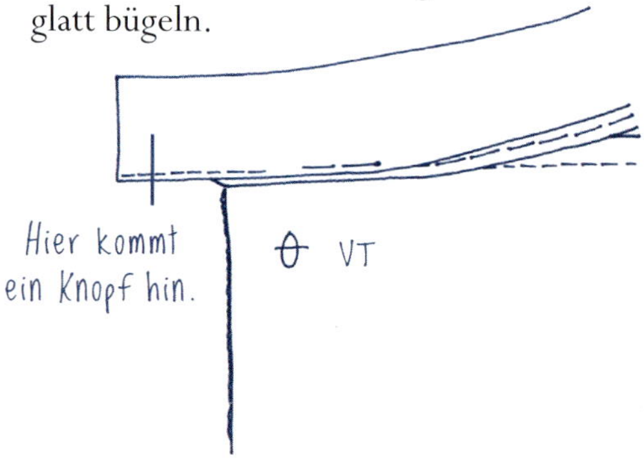

Das Paspelband ein Stück weit in den Bund stecken und mit der Wulst über die Naht aus Schritt b legen. Mit dem Bund zusammen feststecken.
Das geht wie von allein, weil Sie in Schritt a bereits eine Falte in den Bund gebügelt haben. Zum Schluss den Bund mit dem Paspelband mit etwa 2 mm Kantenabstand annähen.
Sie nähen das Paspelband lieber vorher an den Rock? Dann lesen Sie das auf Seite 91 nach.

4. KNOPF UND KNOPFLOCH

a. Den Knopf dort auf den Bund des Rückenteils legen, wo Sie ihn haben wollen. In ein Löchlein im Knopf, das am nächsten an der Kante liegt, einen Punkt als Markierung anbringen: Bis hierher muss das Knopfloch reichen und es muss mindestens so breit sein wie der Knopf.

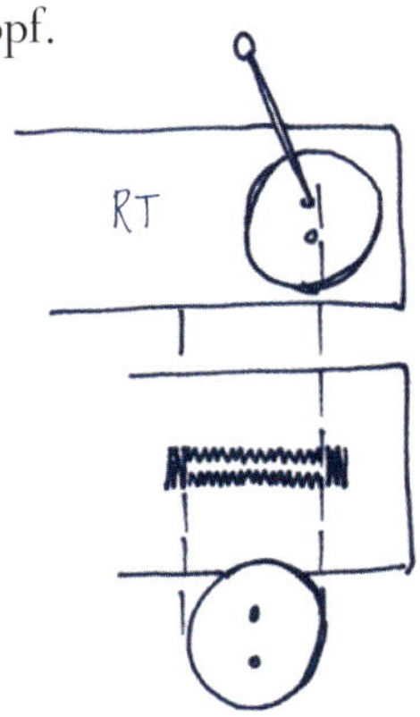

Wenn Sie Pech haben, müssen Sie das Knopfloch mit Zickzackstich nähen, aber wahrscheinlich hat Ihre Maschine ein „Knopfloch-Programm".
Wie das funktioniert, lesen Sie im Handbuch der Nähmaschine nach.
Machen Sie zuerst ein Übungsknopfloch in einen Stoffrest. Dann können Sie auch gleich testen, ob die Öffnung groß genug für den Knopf ist.

b. Den Reißverschluss schließen, den Bund exakt übereinanderlegen und durch das Knopfloch eine Markierung für den Knopf setzen. Den Knopf dort annähen.

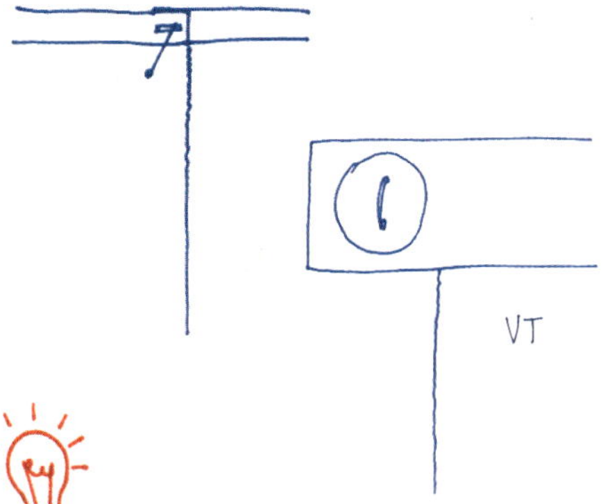

VERSCHLUSSVERSIONEN

Ich habe bei allen Röcken mit Bund als Verschluss einen Knopf gewählt, aber das muss natürlich nicht sein. Es gibt viele Alternativen.

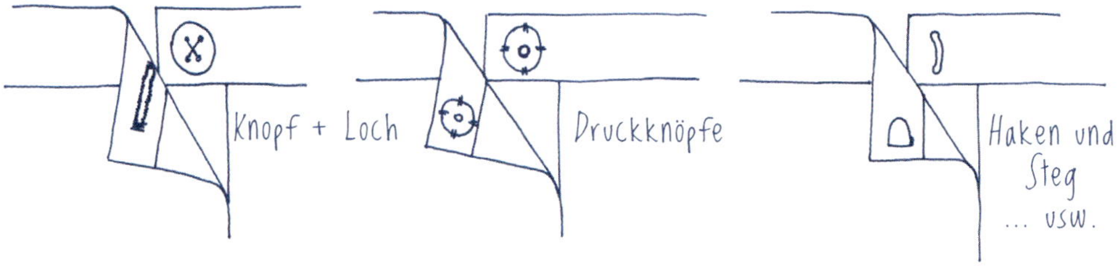

5. SAUM

a. Die Spitzenborte auf dem Kopf stehend rechts auf rechts an den Rock nähen. Die Nahtzugaben versäubern.

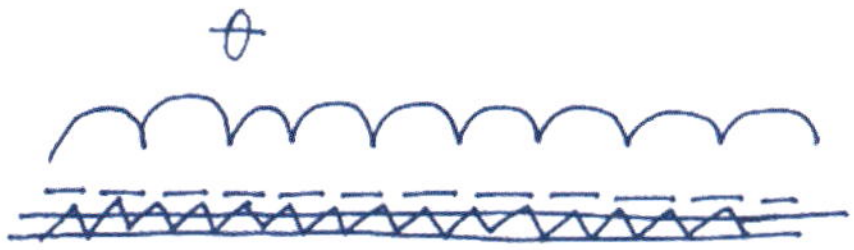

b. Die Borte nach unten falten, sodass die Naht hochklappt, und von oben absteppen.

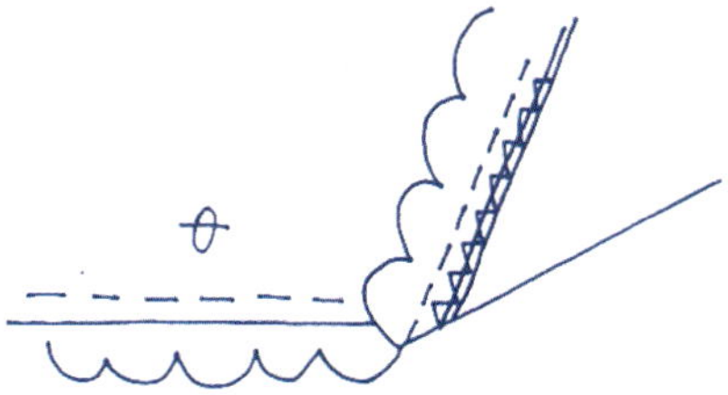

☆ GLOCKENROCK AUS DEHNBAREM STOFF

Das wird mein Sommeroutfit: ein Glockenrock aus dehnbarem Stoff mit breitem Bund in einer passenden Farbe. Schnell zugeschnitten, schnell fertig, schnell an, schnell aus (nicht, dass das so wichtig wäre). Komfort einer Yoga-Hose mit dem Stützeffekt einer Miederhose.
Man braucht nichts weiter als 1,5 Meter dehnbaren Stoff.
Weil der Rock an den Hüften weit ist, „fließt“ er über meinen Po, statt sich um ihn zu spannen (manche Dinge werden nicht besser, wenn sie in eng anliegenden Jersey gehüllt werden). Mal trage ich ihn mit dem Bund in der Taille, mal mit dem Bund auf den Hüften. Dehnbar passt immer! Das klingt alles rosarot, aber das schreibe ich auch ein wenig der Tatsache zu, dass ich eine Overlock-Maschine habe, denn Jerseynähen mit einer normalen Nähmaschine ist nicht ohne.

DEHNBARE-STOFFE-VERARBEITEN-SPECIAL

Wenn Sie die folgenden Richtlinien beachten, geht alles gleich flotter:

• Am Stoff ziehen und die Richtung, die sich mehr dehnt, als Breite verwenden.
Die Richtung, in die sich der Stoff dehnen muss, ist auf den Schnittteilen immer angegeben. Wenn die Richtung egal ist, steht nichts da.

• Eine Jersey-Nadel verwenden. Sie hat eine Kugelspitze, so entstehen im Stoff beim Nähen keine Löcher.

• Den Stretch-Stich der Maschine verwenden oder ihn durch Einstellen einer größeren Stichlänge und eines flachen Zickzackstichs imitieren. Hierdurch hat die Naht ein wenig Spiel und kann etwas gedehnt werden, ohne dass das Garn reißt.

• Für den Saum eine Zwillingsnadel nehmen. So erhalten Sie vorn eine Doppelnaht und auf der Rückseite einen Zickzackstich, wodurch sich die Naht wiederum dehnen kann.

• Niemals beim Nähen am Stoff ziehen, sondern ihn durch die Maschine „begleiten“. Obertransportfüße können Wunder vollbringen: Auf diese Weise wird der Stoff von unten und von oben durch die Maschine „geschoben“.

Alle Jersey-Röcke im Buch werden mit der nachstehend beschriebenen Methode genäht. Viel einfacher kann ein selbst genähter Rock wirklich nicht sein.

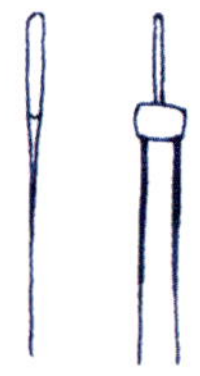

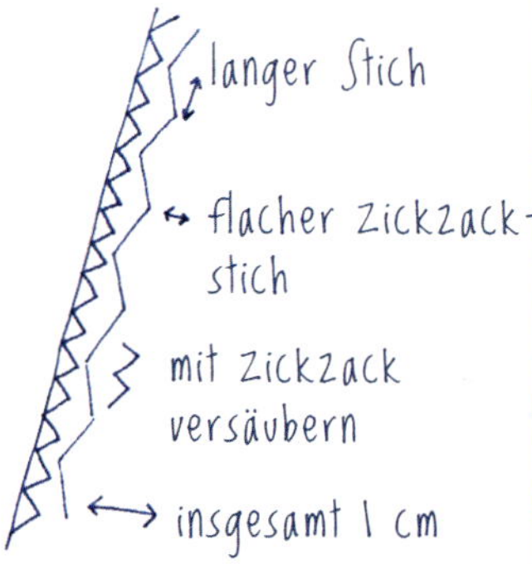

ET
VOILÀ

GLOCKENROCK

SCHNITTTEILE

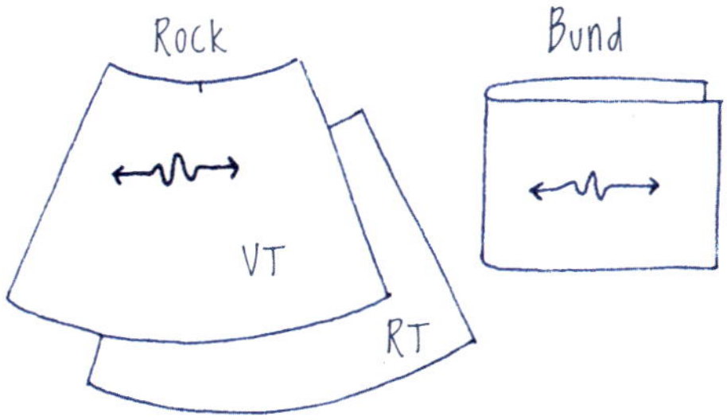

- Vorder- und Rückenteil, Knipse bei vM und hM
- Bund, wird der Länge nach doppelt gelegt, also doppelt so hoch zuschneiden. Bundlänge ohne Nahtzugabe der Tabelle auf Seite 13 entnehmen.

NAHTZUGABE

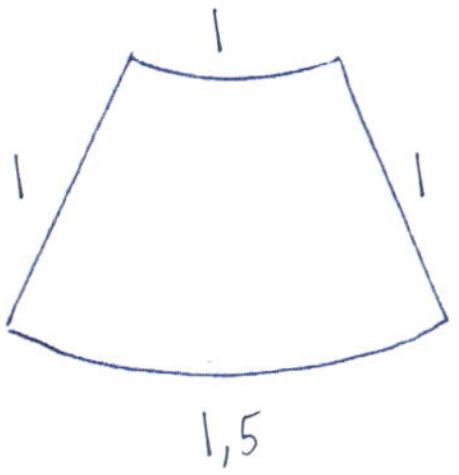

1. SEITENNAHT

Die Teile rechts auf rechts legen und die Seitennähte mit 1 cm Abstand zur Stoffkante zusammennähen. Selbst auswählen, ob Sie die Naht noch einmal extra versäubern. Jersey franst nicht aus, es muss also nicht sein. Die Taille in vier gleich große Abschnitte einteilen (Knipse). Siehe Seite 67.

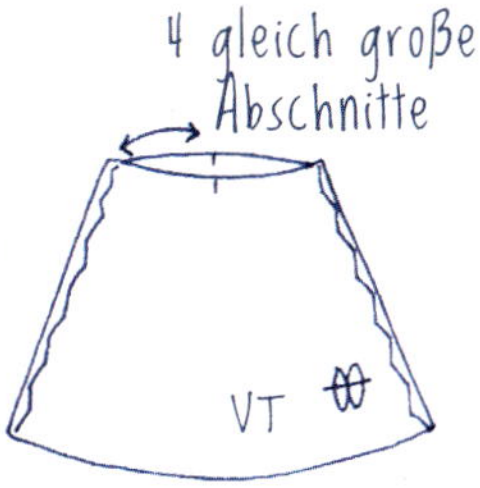

AUS DEHNBAREM STOFF

2. BUND

Den Bund rechts auf rechts falten. Seitennaht schließen, Bund umklappen und probieren, ob er bequem sitzt – er darf keinesfalls zu locker sitzen, soll aber auch nicht zu fest spannen. Falls nötig, anpassen. Jeder Stoff ist anders, Sie müssen also bei jedem Rock wieder anprobieren. Den Bund in vier gleich große Abschnitte einteilen und diese mit einem Knips markieren.

3. EINS ZUM ANDERN

Bund und Rock an den Knipsen rechts auf rechts zusammenstecken und zusammennähen. Bund hochklappen und von dem Tempo überwältigt sein, in dem dies alles gelungen ist.

4. SAUM

Den Saum 1,5 cm umschlagen und auf der rechten Seite mit der Zwillingsnadel annähen. Vorne bekommen Sie eine Doppel- und auf der Rückseite eine Zickzacknaht.

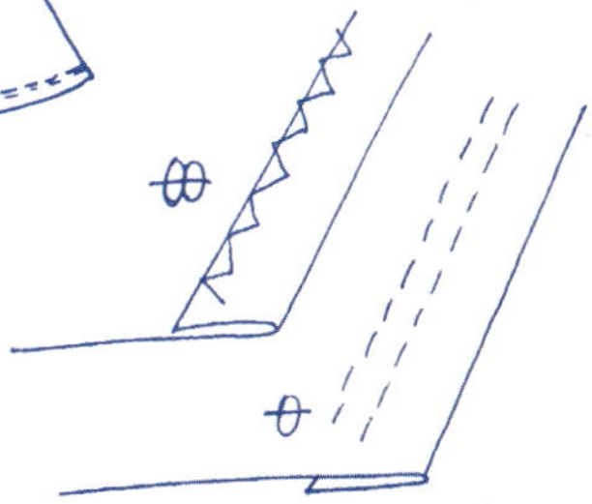

ROCK MIT KNOPFLEISTE

Eine Knopfleiste kann man bei jedem Rock arbeiten, ich habe eine beim Glockenrock und weiter hinten im Buch bei einem Kräuselrock gemacht. Die Arbeitsweise ist für jeden Schnitt gleich. Das Rückenteil bleibt unverändert. Das Vorderteil besteht aus zwei Teilen und diese bekommen beide vorne eine Extra-Nahtzugabe. Die Seitennähte habe ich mit einer französischen Naht abgeschlossen, sodass alles piekfein aussieht, und das macht mich persönlich superglücklich.

SCHNITTMUSTER ANPASSEN

Zeichnen Sie bei vM 5,5 cm dazu, um eine 3 cm breite Knopfleiste zu erhalten.

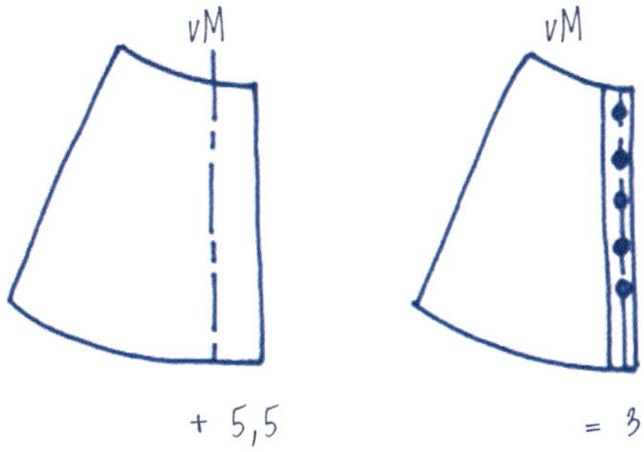

SCHNITTTEILE

- Rückenteil
- 2 x das angepasste Vorderteil mit jeweils einem Knips bei vM. Die Teile sind spiegelverkehrt. Die ersten 3 cm von der vM auf der Rückseite mit Einlage verstärken.
- Bund, mit Einlage verstärkt, 8 cm breit, für die Länge in der Tabelle auf Seite 13 nachsehen und 5 cm für die Knopfleiste dazurechnen.
- Paspelband
- 6 Knöpfe

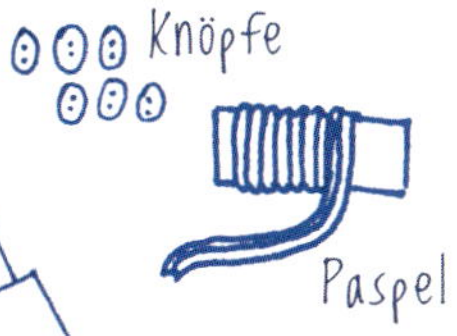

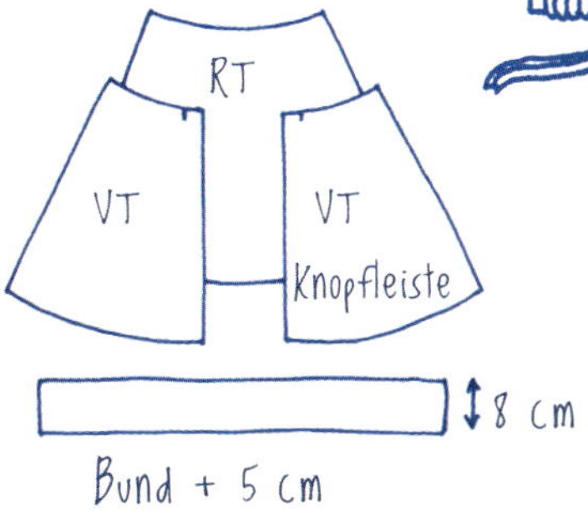

NAHTZUGABE

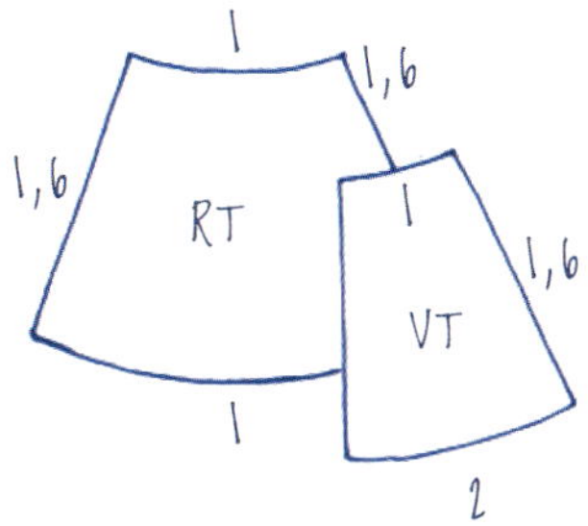

1. SEITENNAHT

a. Für eine französische Naht (siehe Seite 74) legen Sie Vorder- und Rückenteil mit den linken Seiten aufeinander. Die beiden Seitennähte jeweils 0,5 cm vor der Stoffkante zusammennähen.

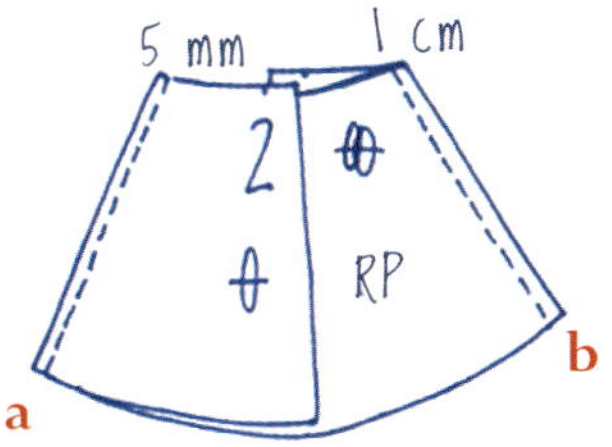

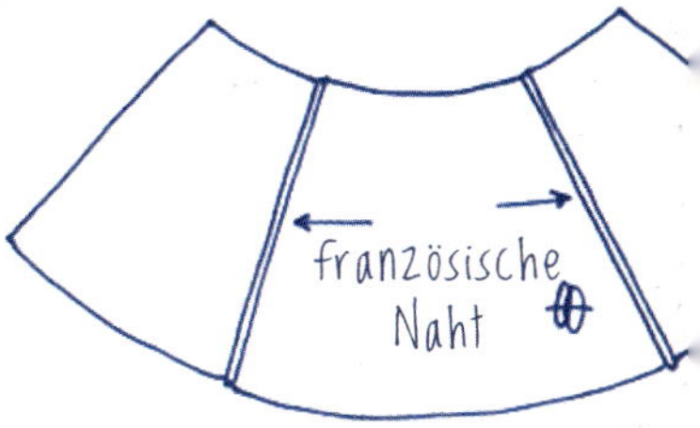

b. Die Naht gründlich glatt bügeln und lose Fadenenden abschneiden. Die Teile rechts auf rechts legen und 1 cm neben der Seitennaht nähen, sodass die unversäuberten Nahtzugaben nicht mehr zu sehen ist.

2. KNOPFLEISTE

Abschluss rechtes Vorderteil

a. An der linken Vorderteilkante 3 cm einschlagen, die Falte in den Stoff bügeln, wiederholen.

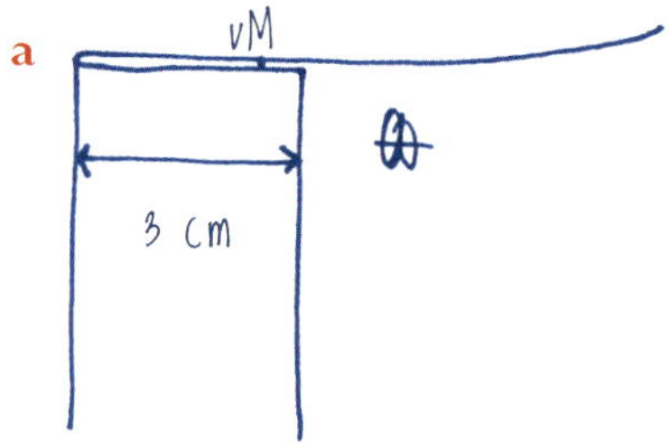

b. 5 mm vor der Kante von oben nach unten durch drei Stofflagen nähen.

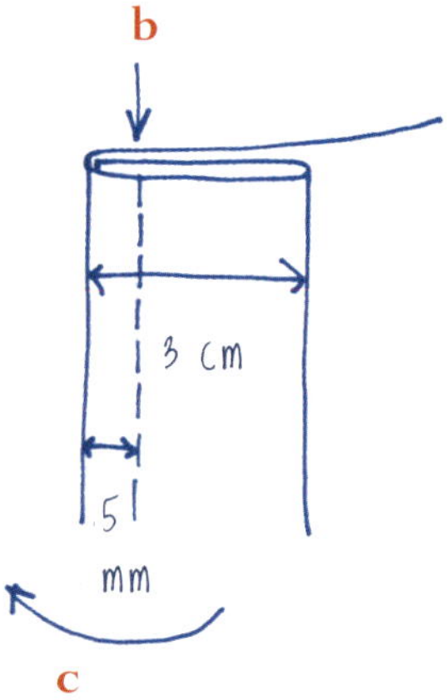

c. Diese Naht als Ausgangspunkt zum Umklappen der Knopfleiste (3 cm) verwenden. Sehen Sie nun, wie auf der anderen Seite die Knopfleiste erscheint!

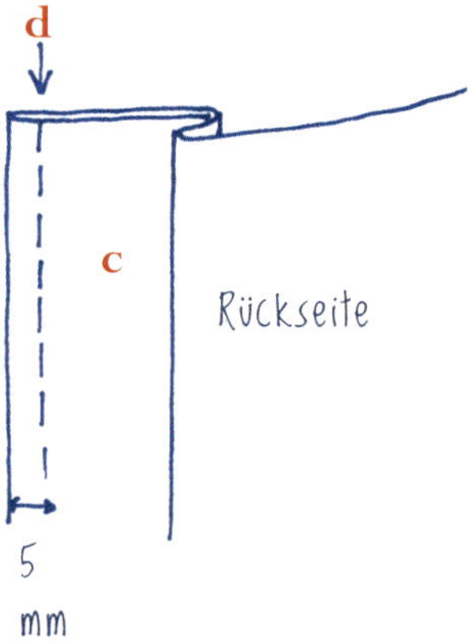

d. Falls gewünscht, auf der anderen Seite der Leiste 5 mm vor der Kante von oben nach unten steppen.

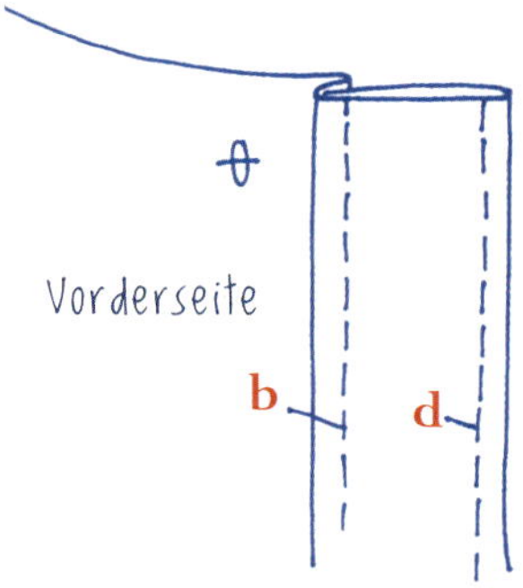

Abschluss linkes Vorderteil

e. An der rechten Vorderteilkante 1 cm einschlagen, die Falte in den Stoff bügeln und nochmals 3 cm umschlagen. Ebenfalls bügeln und absteppen.

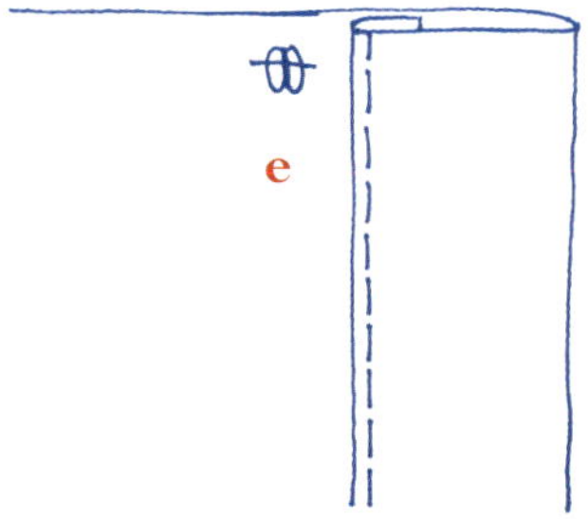

3. BUND

a. Den Bund 1 cm nach hinten umbügeln.
b. Den normalen Nähmaschinenfuß gegen den Fuß für verdeckten Reißverschluss austauschen und den Bund mit der rechten Seite auf die Rockinnenseite legen. Der Bund ist 2 cm länger als der Rock, also steht am Anfang und am Ende je 1 cm über.
Die Kühnen (oder die Faulen) steppen das Paspelband sofort mit fest. Die Vorsichtigeren unter uns nähen erst den Bund an den Rock und danach das Paspelband. Alles gut festzustecken kann helfen, beide Dinge auf einmal anzunähen.

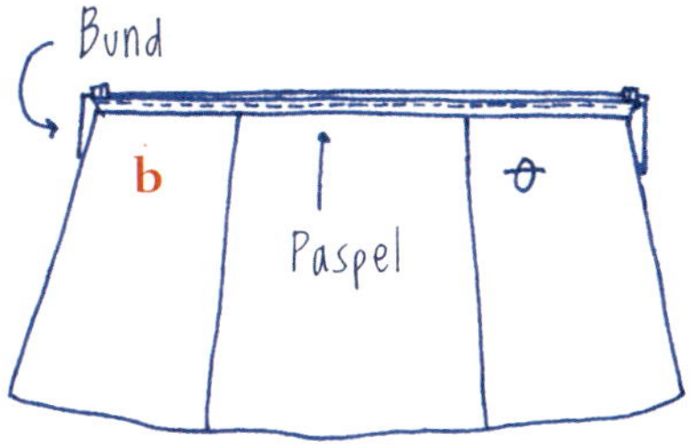

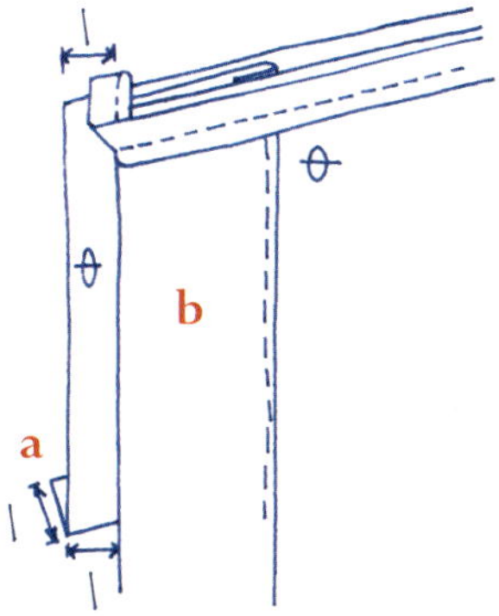

c. Den Bund auf beiden Seiten so falten und nähen, wie in der Zeichnung dargestellt. Ecken und überstehendes Paspelband abschneiden.

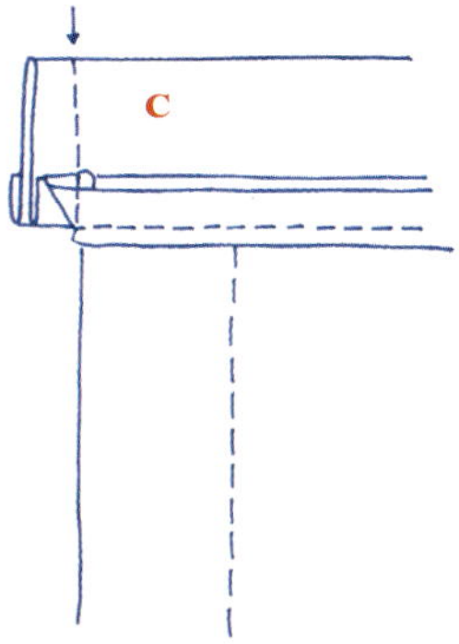

d. Den Bund wenden, sodass die Nähte innen im Bund liegen. Die Ecken ausformen, den Bund mit der umgebügelten Kante an die Wulst des Paspelbands anlegen und alles feststecken. Den Bund etwa 2 mm vor dem Rand festnähen.

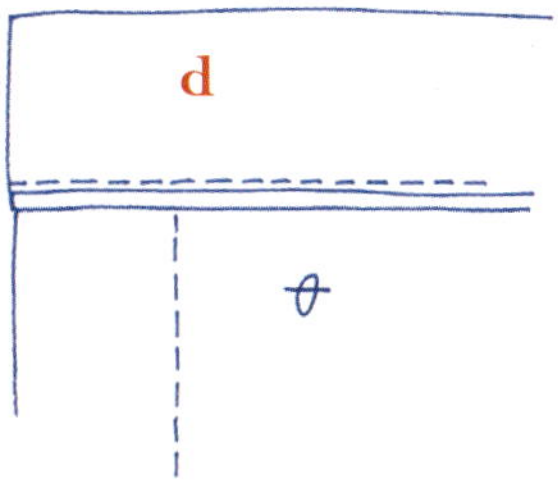

4. KNÖPFE UND LÖCHER

a. Einen Knopf auf den Bund legen, über die Mitte der Leiste, und durch das linke Löchlein im Knopf einen Punkt markieren: Bis hierher muss das Knopfloch gehen.
Das Knopfloch wird mindestens so breit wie der Knopf; erst auf einem Stoffrest ausprobieren. Siehe dazu auch Seite 81.
b. Alle Knöpfe gleichmäßig auf der Leiste verteilen und senkrechte Knopflöcher anfertigen.

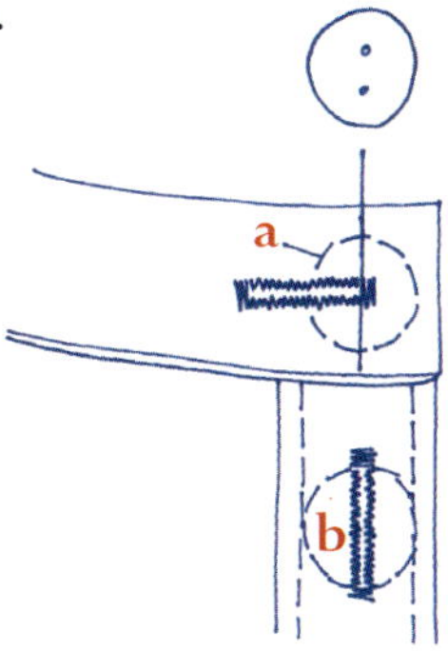

5. SAUM

Saum zweimal umschlagen und absteppen.

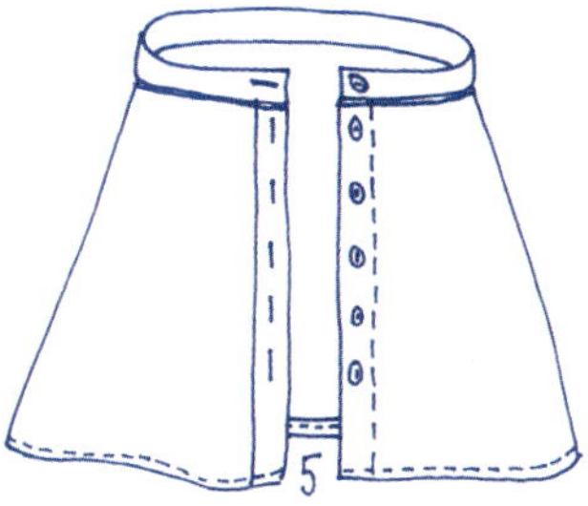

WICKELROCK

Der grüne Wickelrock ist einer meiner Favoriten. Liegt es an der Farbe oder am Modell – keine Ahnung, aber ich fühle mich in diesem Rock immer fröhlich.
Irgendwann ist er einmal heruntergerutscht, zum Glück an einem Ort, wo meiner Meinung nach keine Menschenseele war. Aber ich war ja fröhlich, und dann ist alles halb so schlimm. Seither ziehe ich das Bändchen gut fest; ein nicht zu unterschätzender Tipp, den ich Ihnen unbedingt mitgeben will.

Der grüne und der graue Rock basieren auf dem Glockenrockschnitt, die beiden anderen Röcke auf dem A-Form-Schnitt. Für den Glockenrock brauchen Sie ziemlich viel Stoff. Legen Sie also erst die Schnittteile auf den Stoff, bevor Sie mit dem Zuschneiden anfangen (auch ein nicht zu unterschätzender Tipp).
Wenn Sie nicht mit Schrägband arbeiten wollen, können Sie den Rock auch komplett umsäumen. In dem Fall ist es einfacher, die Rundung im Vorderteil nicht zu übertragen, sondern es einfach gerade zu halten. So ist der grüne Glocken-Wickelrock gearbeitet.

SCHNITTMUSTERBOGEN

- A-Form Frauen
- A-Form Mädchen
- Glockenrock Frauen
- Glockenrock Mädchen

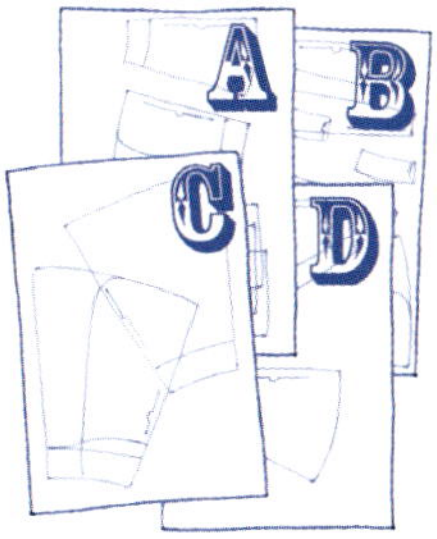

SCHNITTMUSTER ANPASSEN

Übertragen Sie das Vorderteil der gewünschten Form auf Transparentpapier, drehen Sie das Papier um und legen Sie die übertragene vordere Mitte an die vordere Mitte auf den Schnittmusterbogen. Pausen Sie das Vorderteil nochmals ab, jetzt aber bis zur Linie des Wickelrocks. Dieses neue Vorderteil müssen Sie – gespiegelt – zweimal aus dem Stoff zuschneiden.

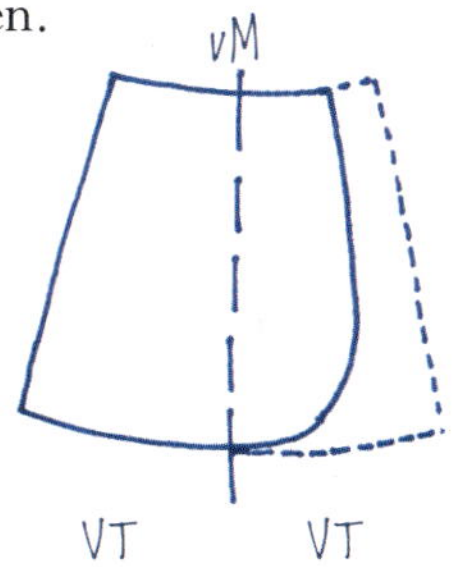

NAHTZUGABE

Unten und vorn ist keine, weil der Rock mit Schrägband gearbeitet wird.
Die Oberkante bekommt 1 cm Nahtzugabe und die Seiten werden mit einer französischen Naht zusammengefügt, brauchen also 1,6 cm Nahtzugabe. Die Erklärung der französischen Naht finden Sie auf Seite 74.

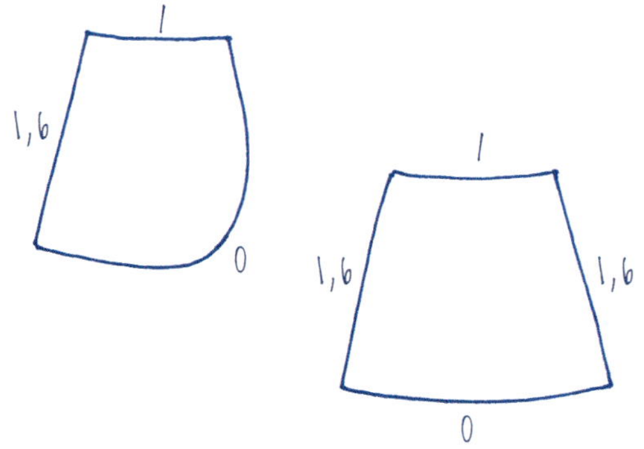

SCHNITTTEILE

• Rückenteil
• Vorderteil, zweimal zuschneiden, linkes und rechtes Teil sind spiegelverkehrt.
• Bund, 6 cm breit und zwei- bis dreimal so lang wie der Taillenumfang, je nachdem, wie lang die herabhängenden Bänder sein sollen.
• Schlaufe, ein 5 x 5 cm großes Stück Stoff zuschneiden.
• Schrägband, je nach Modell (Glockenrock, A-Form, Kinderrock) variiert der Bedarf zwischen 1,5 und 3 m.

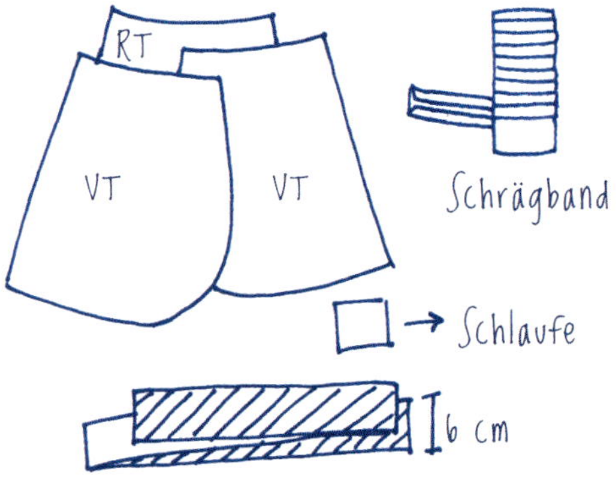

1. SEITENNAHT

a. Vorderteile mit der linken Seite auf die linke Seite des Rückenteils legen, beide Teile 0,5 cm vor der Stoffkante ans Rückenteil nähen. Bei dem Vorderteil, das auf die linke Seite kommt (siehe Zeichnung), eine etwa 3 cm große Öffnung lassen; das andere Vorderteil auch annähen, aber ohne diese Öffnung.

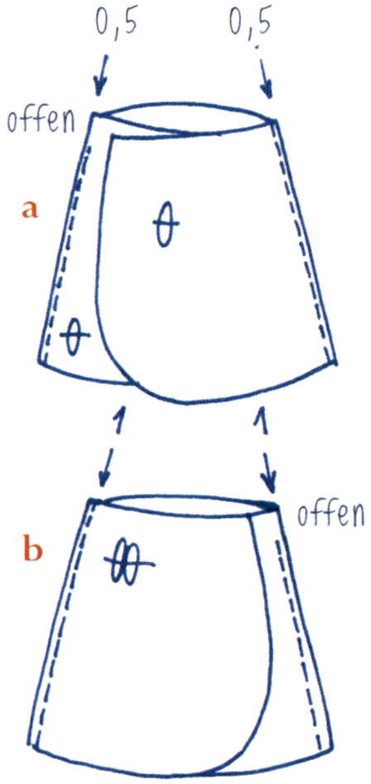

b. Nahtzugaben glatt bügeln, lose Fadenenden abschneiden, Rock wenden und die Seitennähte nun 1 cm vor der Kante nähen, sodass die Schnittkanten in der Naht verschwinden.

c. An der Öffnung in der Seitennaht die Nahtzugabe nach innen legen und festnähen.

d. Den Stoff für die Schlaufe rechts auf rechts in der Mitte falten und, wie in der Zeichnung abgebildet, mit 1 cm Abstand zur Kante nähen. Die Ecken zurückschneiden und die Schlaufe wenden. An die Oberkante der Seitennaht ohne Öffnung anlegen und annähen, wie in der Zeichnung dargestellt.

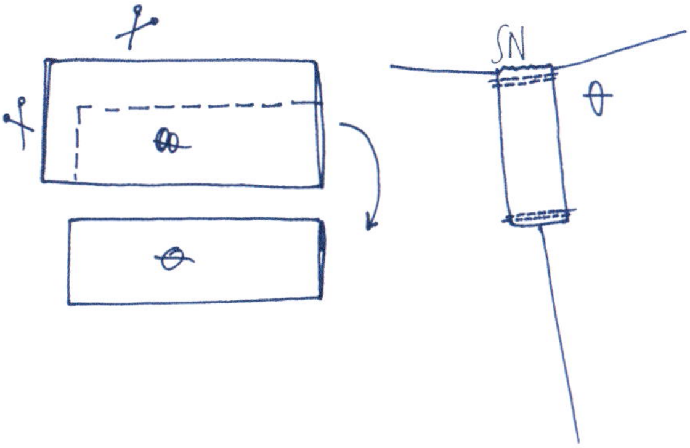

2. SCHRÄGBAND

a. Eine Seite des Schrägbands aufklappen und innen an der Stoffkante des Rocks entlanglegen. Exakt in der Falte des Schrägbands nähen, ganz um den Rock herum.

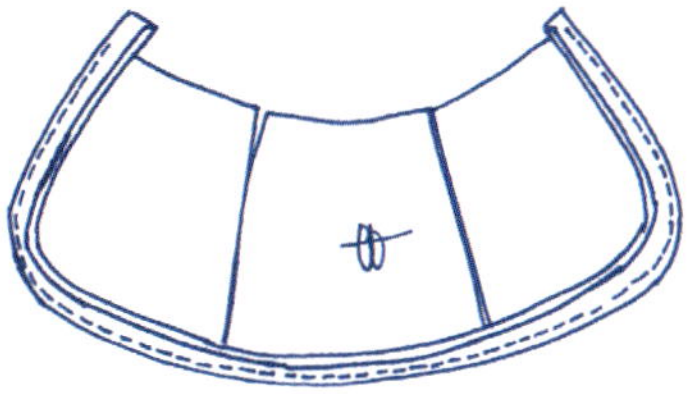

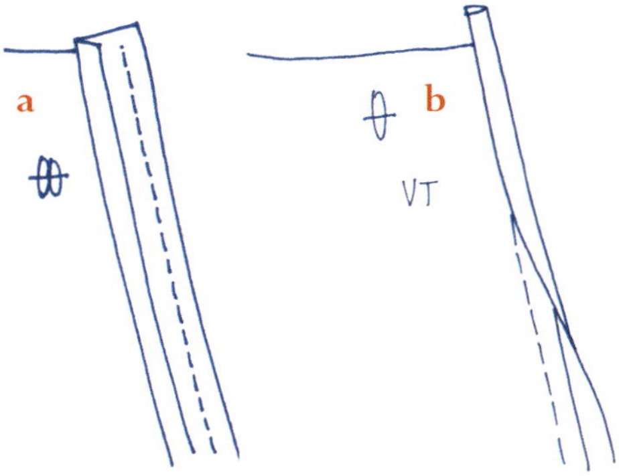

b. Den Rock umdrehen, das Schrägband um die Kante herumklappen und feststeppen. Für einen perfekten Abschluss den Rand exakt über die Naht aus Schritt a legen.
Begutachten Sie Ihre letzte Tat: Wenn Sie hier und da noch etwas von der Naht aus Schritt a sehen, können Sie dies problemlos – und nur, wenn es stört – mit einem Nahttrenner entfernen.

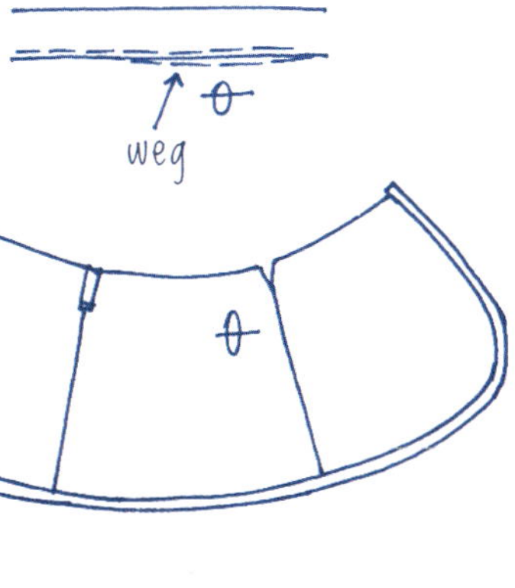

3. BUND

Eine Seite des Bunds muss komplett um die Taille herumgelegt werden. Am schönsten ist es, wenn die beiden Bänder nach dem Binden gleich lang sind. Stecken Sie den Bund daher vor dem Nähen an und probieren Sie das aus.
Die Bundseite am rechten Vorderteil wird etwas kürzer sein als die am linken Vorderteil.

a. Den Bund mit der rechten Seite auf die Rockinnenseite legen, die kürzere Bundseite kommt auf das rechte Vorderteil. Den Bund mit 1 cm Abstand zur Kante annähen.

Wer gern ein Paspelband zwischen Rock und Bund mag, näht es jetzt auf der Rockvorderseite mit an; siehe Schritt 3b vom Glockenrock mit Knopfleiste auf Seite 91.

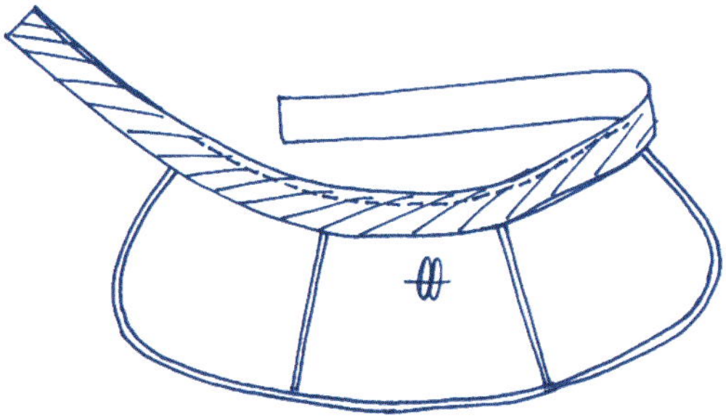

b. Den Bund auf der kurzen Seite 1 cm einschlagen und glatt bügeln.

c. An den langen Seiten 1 cm Nahtzugabe einschlagen und bügeln. Die umgebügelten Kanten aufeinanderlegen und den Bund bis an den Rock heran zunähen. Darauf achten, dass der Bund dort genau über der Naht aus Schritt a liegt, und dann weiternähen, den gesamten Bund entlang.

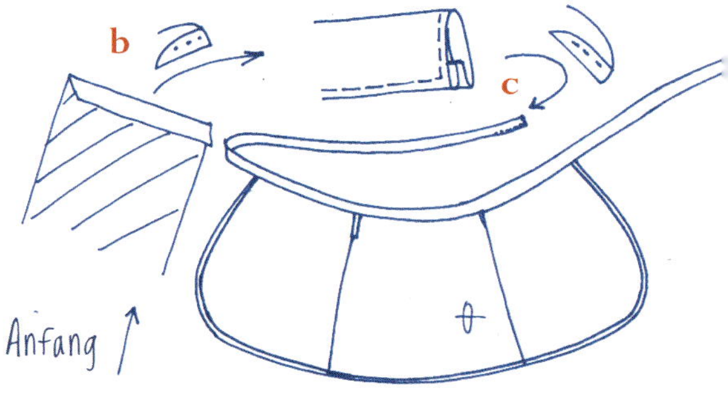

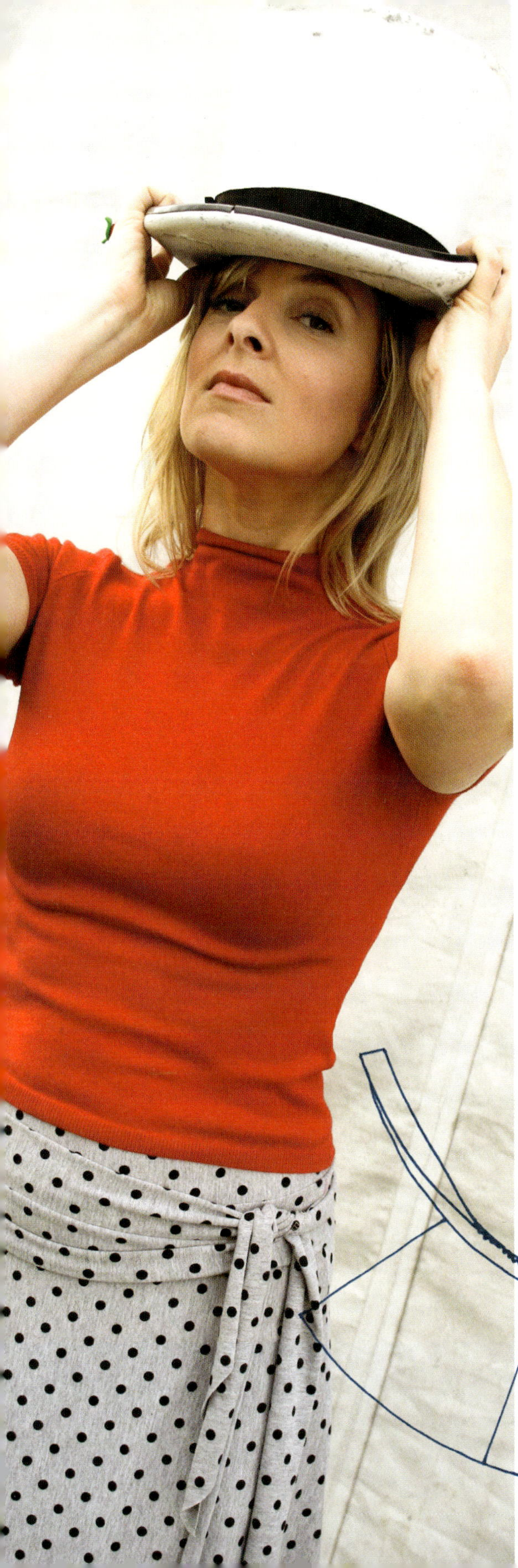

JERSEY-WICKELROCK

Sie mögen es lieber einfach und schnell?
Na klar!

Dafür habe ich den Glockenrockschnitt übertragen. Die Vorderteile sind nicht abgerundet und die Rockkante nicht gesäumt.
Nähen Sie die Teile mit kleinem Zickzackstich zusammen (siehe Seite 84), oder noch besser mit der Overlock. Lassen Sie auch hier wieder eine Öffnung, durch die das Band gezogen wird, und nähen Sie über die andere Seitennaht eine Schlaufe. Falten Sie den Bund links auf links und nähen Sie ihn in der Taille an. Und das ist wirklich alles. Jersey franst nicht aus, sondern rollt sich ein. Warum sich also mehr als nötig anstrengen?

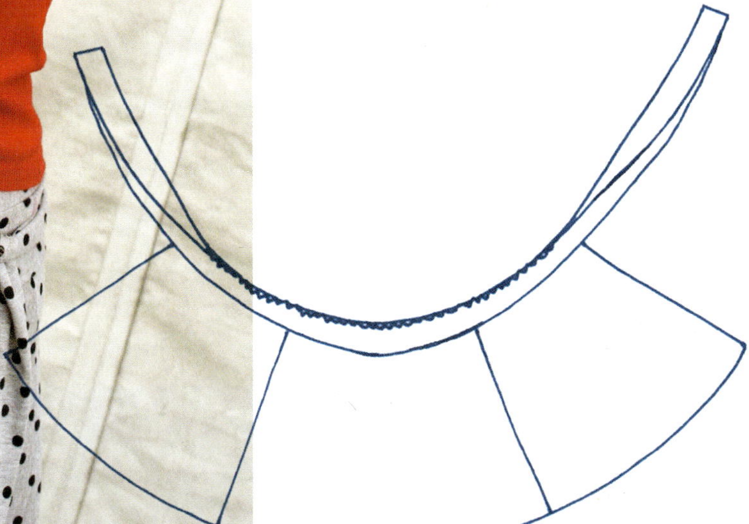

GERADER ROCK

Ist er knielang, fühle ich mich immer wie eine Stewardess. Ist er kürzer, komme ich mir vor wie eine Stewardess beim Piloten auf dem Schoß. Sexy!
Dieses ist das einzige Modell mit Abnähern und auch das einzige Modell, das richtig gut sitzen muss. Die anderen Röcke können Sie ein bisschen höher oder tiefer schieben, aber hier kommt man hinein … oder nicht. Spannend!
Der Hüftumfang ist die bestimmende Größe, dann der Taillenumfang. Machen Sie die Abnäher bei größerem Taillenumfang kleiner und umgekehrt.

SCHNITTMUSTERBOGEN

• Gerader Rock

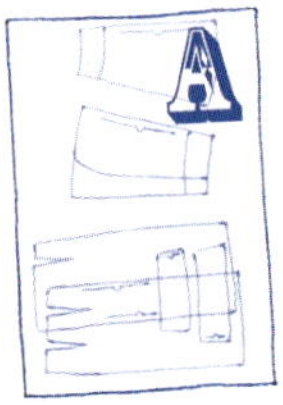

SCHNITTTEILE

• Vorder- und Rückenteil, Knipse und Bohrlöcher für die Abnehmer immer übertragen.
Die Bohrlöcher mit einem spitzen Gegenstand einstechen, sodass man in jeder Schicht ein Loch sieht. Diese Löcher sitzen im Abnäher und sind am fertigen Rock nicht zu sehen. Ich nehme dafür meistens die Prickelnadel meiner Kinder.
• Beleg Vorder- und Rückenteil, verstärkt mit Einlage, Beleg-Unterkante mit Zickzack versäubern oder einsäumen.
• verdeckter Reißverschluss
• Schrägband für den Saum. Dies muss kein richtiges Schrägband sein, ein etwa 4 cm breiter Stoffstreifen tut's auch.

Extrazubehör
• Reißverschlussfuß
•Nähmaschinenfuß für verdeckten Reißverschluss

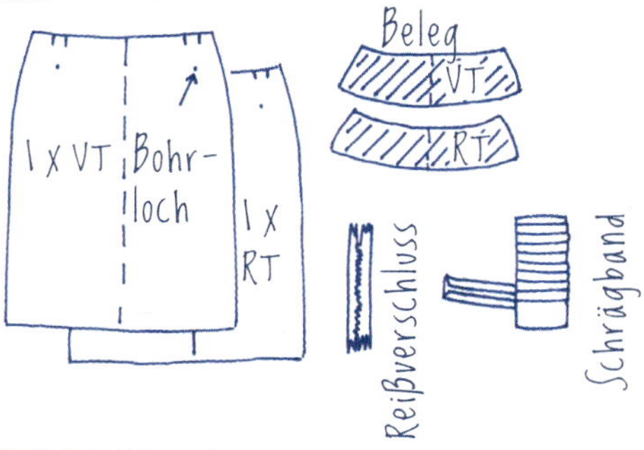

NAHTZUGABE

Am Saum 1 cm für den Abschluss mit Schrägband oder 4 cm für einen schönen breiten Saum anzeichnen.

1
1
1
1
1
1
1 - 4

1. Abnäher

Wenn Sie Knipse und Bohrlöcher richtig übertragen haben, ist ein Abnäher schnell genäht. Beachten Sie lediglich Folgendes:

a. Den Rock so falten, dass die beiden Knipse oben exakt aufeinanderliegen und das Bohrloch genau auf der Falte sitzt.

b. In einer leicht gebogenen Linie am Bohrloch vorbei und bis 2 cm darunter nähen. Die Naht läuft ins Leere aus.

Zweimal beim Vorderteil und viermal beim Rückenteil ausführen.

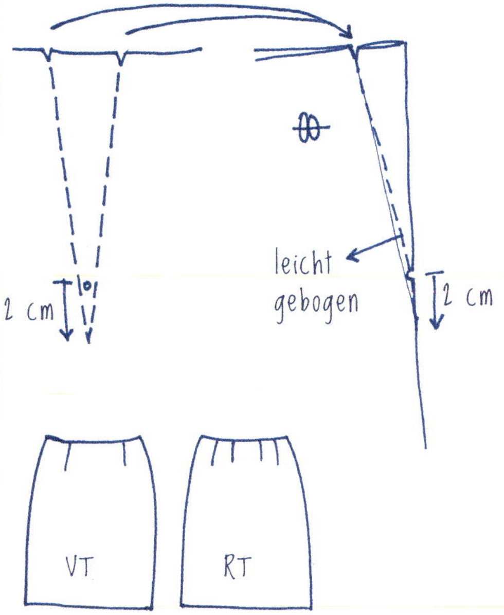

2. Seitennaht

Vorderteil rechts auf rechts auf das Rückenteil legen, linke Seitennaht 1 cm vor der Stoffkante schließen, mit Zickzack versäubern und glatt bügeln. Beim Beleg das Ganze wiederholen, hier liegt aber das Rückenteil oben.

3. Reissverschluss und Beleg

Reißverschluss und Beleg gemäß der Anleitung auf Seite 52 arbeiten.

4. SAUM

VERSION 1 – MIT SCHRÄGBAND

a. Schrägband an den Rock nähen. Hierfür das Schrägband rechts auf rechts an der Unterkante des Rocks exakt anlegen; die ersten 2 cm des Schrägbands umfalten.
Bei der Seitennaht beginnen.

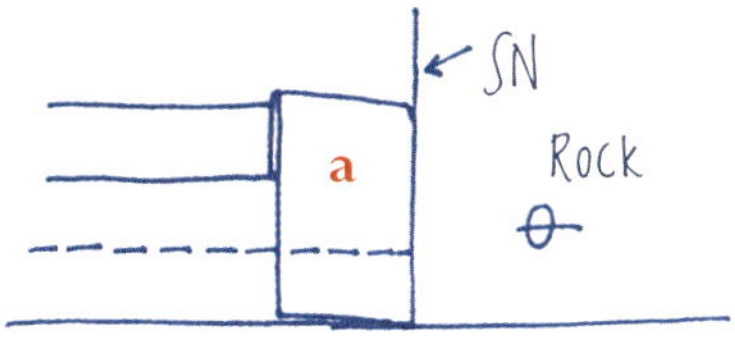

b. Ganz rundherum nähen, Anfang und Ende des Schrägbands etwas überlappen lassen und abschneiden.

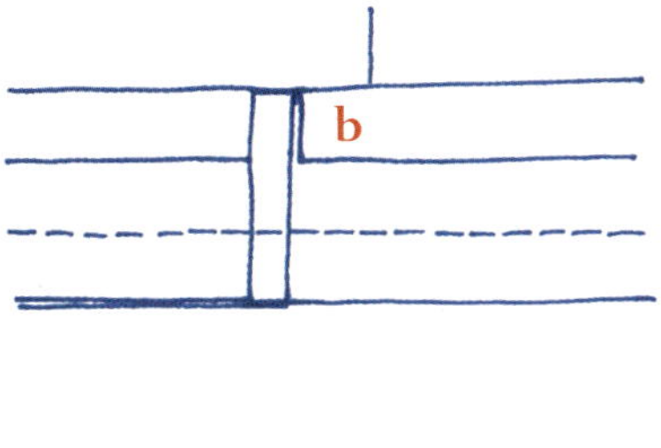

c. Nahtzugabe und Schrägband umschlagen und Schrägband rundherum feststeppen.

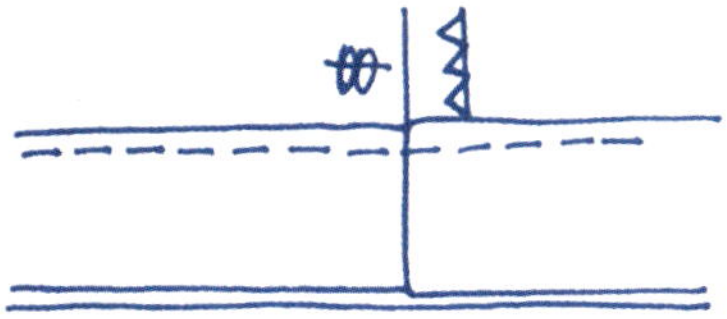

VERSION 2 – BREITER SAUM

4 cm abmessen und umschlagen. 1 cm einschlagen, feststecken und annähen.

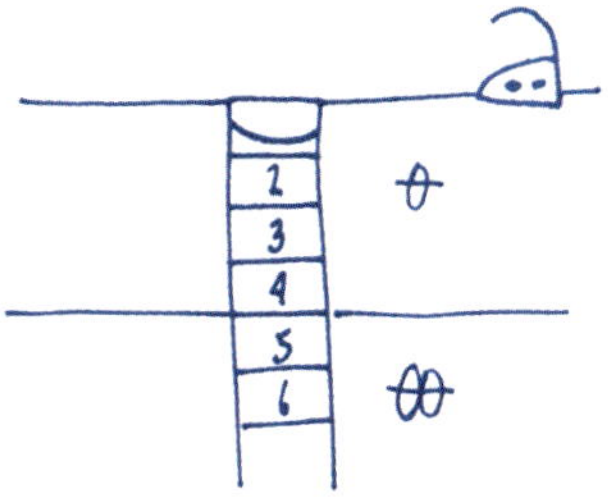

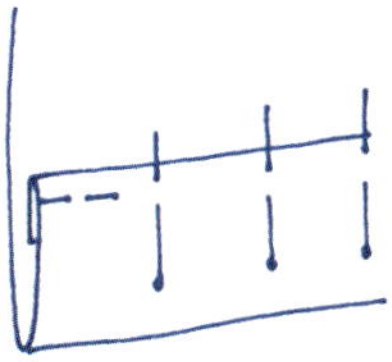

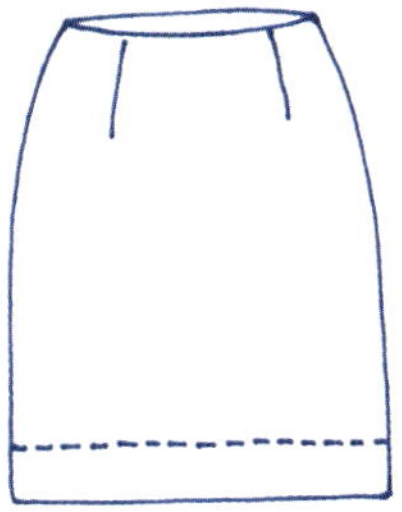

Der gerade Rock

TELLERROCK

*Der Tellerrock, wer will darin nicht heimlich Pirouetten drehen?
Ein selbst gebauter Zirkel, ein Tischtuch, ein farblich passender Slip, und schon kann's losgehen. Dezent geht auch, aber langweilig wird's nie.*

SCHNITT

Es gibt im Buch keinen Schnitt für diesen Rock. Für das Selberzeichnen brauchen Sie nicht mehr als einen Taschenrechner, ein Maßband, einen Meter Bindfaden und einen Bleistift. Sie müssen sich bloß überlegen, ob der Rock einen Gummizug oder einen Reißverschluss haben soll, und dann wird sich an die Skizze gehalten.
Im Rock mit Reißverschluss wirken Sie schlanker. Aber sparen Sie sich bei Kindern diese Mühe: Ihr Taillenumfang ist nicht viel anders als der Hüftumfang und der Trick mit der optischen Schlankheit wird eher wirkungslos bleiben. Abgesehen davon, ist er auch unnötig.

Die meisten Stoffe sind etwas zu schmal, um einen Tellerrock für Erwachsene aus einem Stück zu erhalten. Und wenn dann sowieso eine Naht hineinmuss, können Sie genauso gut einen Reißverschluss einfügen.
Gelingt es Ihnen doch, den Rock aus einem Stück Stoff zuzuschneiden, lesen Sie auf Seite 112 unter „Tischtuchmethode“ die Anleitung dafür nach.

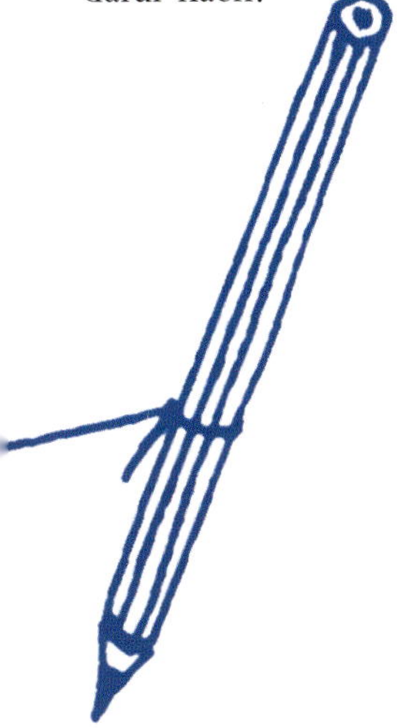

DIE SKIZZE

Taillen- oder Hüftumfang messen und diese Zahl durch 6,28 teilen (2 x Pi, Sie wissen schon). Diesen Wert nennen wir von jetzt an X. Addieren Sie zu X die Rocklänge und Sie wissen sofort, ob der Rock ganz aus dem Stoff zugeschnitten werden kann. Wir gehen hier von einem Kinderrock aus. Den Stoff zweimal falten, sodass der Stoff mindestens die Breite von X plus Rocklänge hat. Links unten den Wert X nach oben und zur Seite markieren.

Dann die Rocklänge anzeichnen, wieder nach oben und zur Seite.
Bei Taille und Saum 1 cm Nahtzugabe anzeichnen. Nun von diesen beiden letzten Punkten mit einem selbst gebauten Zirkel – oder vielleicht unterrichten Sie ja Mathe und haben so ein Riesenexemplar im Tornister – einen Viertelkreis vom einen zum anderen Punkt schlagen. Alle vier Stofflagen an mehreren Stellen zusammenstecken und den Rock ausschneiden.

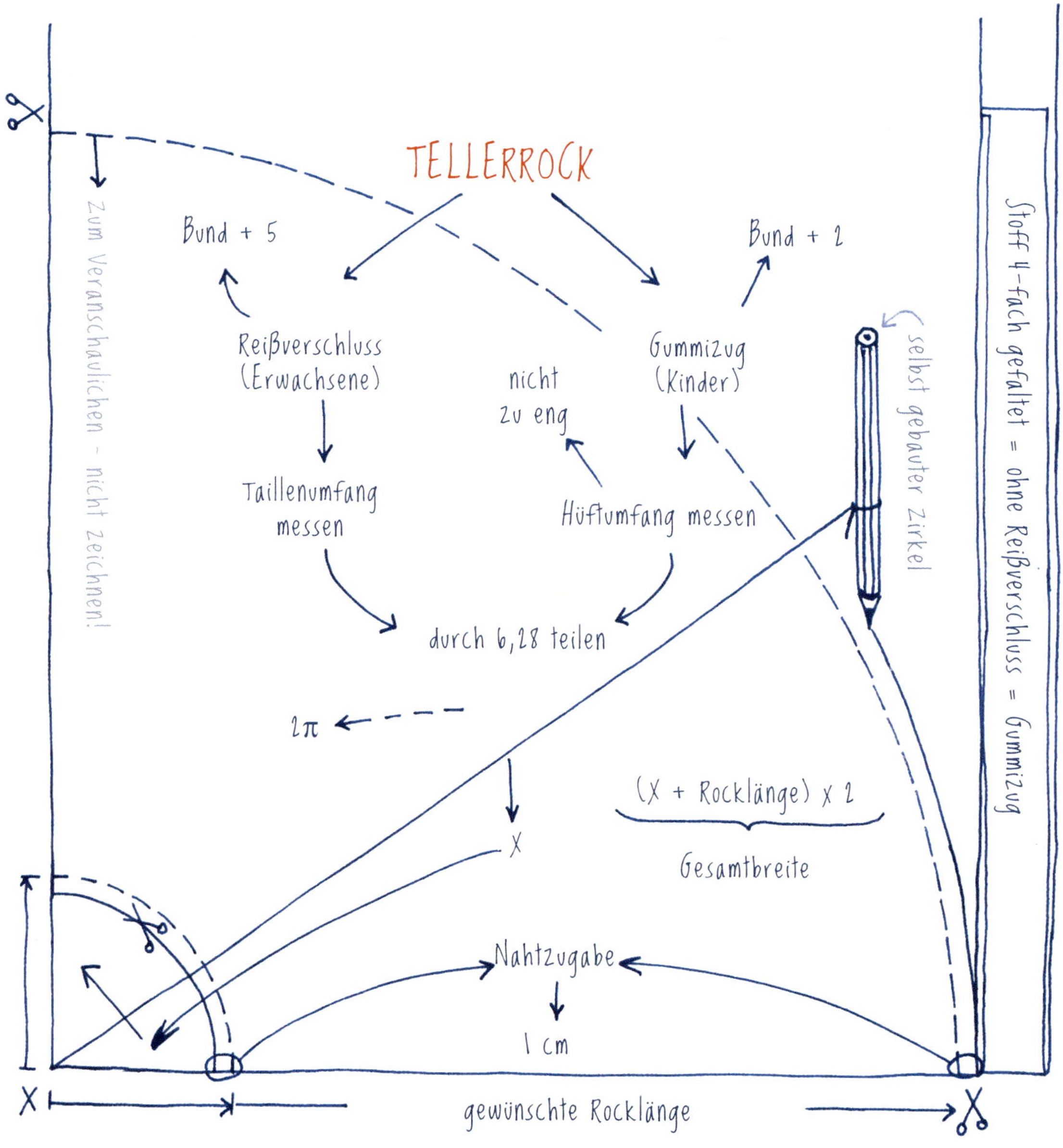

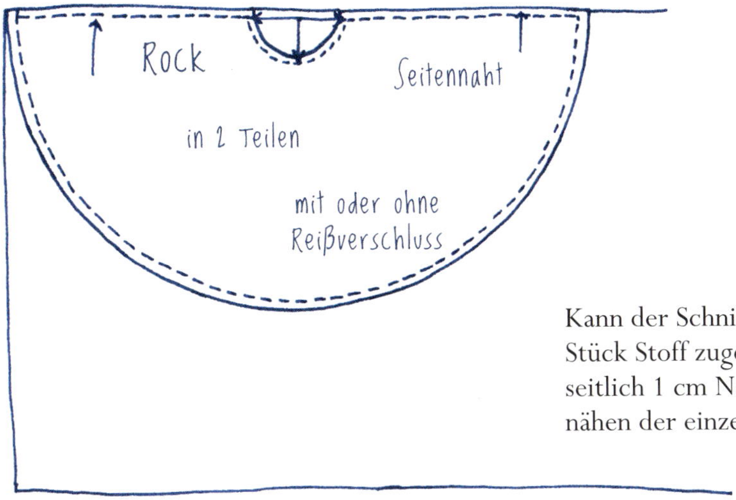

Kann der Schnitt nicht komplett aus einem Stück Stoff zugeschnitten werden, fügen Sie seitlich 1 cm Nahtzugabe zum Zusammennähen der einzelnen Rockteile hinzu.

UMSETZUNG MIT GUMMIZUG

SCHNITTTEILE

- Ein oder mehrere Röcke, die Taille mit Knipsen in vier gleich große Abschnitte unterteilen.
- Bund, verstärkt mit Einlage, 7,5 cm breit, die Länge in der Tabelle auf Seite 13 nachsehen und 2 cm Nahtzugabe dazurechnen.
- 2,5 cm breiter Gummizug

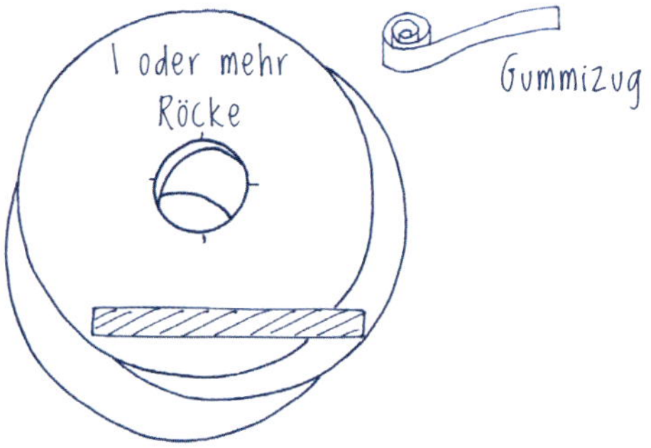

1. BUND

Mehrere Röcke vor dem Ansetzen des Bunds erst zusammenstecken oder -nähen (0,5 cm vor der Stoffkante).
Beim Bund 1 cm vor der Stoffkante die kurzen Seiten zunähen, dabei eine Öffnung für den Gummizug lassen. Für die ausführlichere Beschreibung siehe Seite 42. Den Bund in vier gleich große Abschnitte einteilen und auf eine der folgenden drei Arten an den Rock ansetzen.

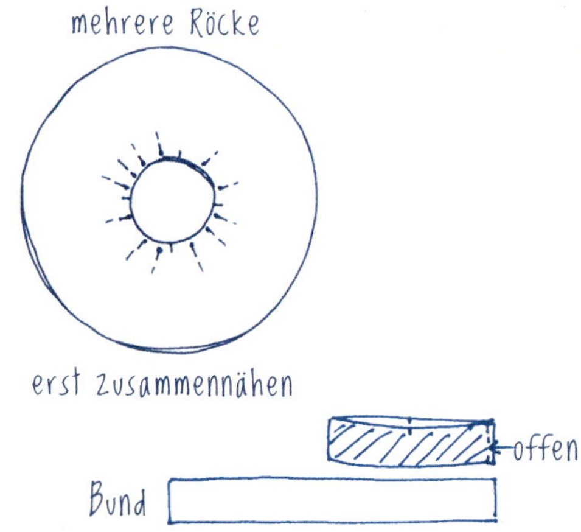

2. EINS ZUM ANDERN

DIE SCHNELLVARIANTE

Den Rock in den gefalteten Bund schieben, die vier Knipse im Rock (in den Röcken) an die vier Knipse im Bund stecken und feststeppen. Versäubern und fertig. Siehe auch Seite 44.

DIE ALTERNATIVE

Nur bei mehreren Röcken: Ich bin mittlerweile eine große Verfechterin dieser Methode. Sie ist nicht ganz so schnell wie die schnelle, aber sehr wohl so adrett wie die ordentliche – zumindest auf den ersten Blick. Genauso anfangen wie bei der schnellen Version und dann das Futter noch einmal feststeppen, sodass der Bund zwischen den beiden Röcken steckt und die Naht dazwischen verschwindet. Siehe auch Seite 70.

ORDENTLICH

Bundunterkante 1 cm nach hinten umbügeln, obere Kante an die Rückseite des Rocks annähen – Knipse aufeinander –, dann den Bund nach oben falten und die umgefaltete Kante genau über der Naht feststeppen. Siehe auch Seite 44.

3. DER GUMMIZUG

Gummizug mit einer Sicherheitsnadel in den Bund einziehen und die Enden zusammennähen. Darauf achten, dass sich der Gummizug beim Einziehen nicht verdreht.

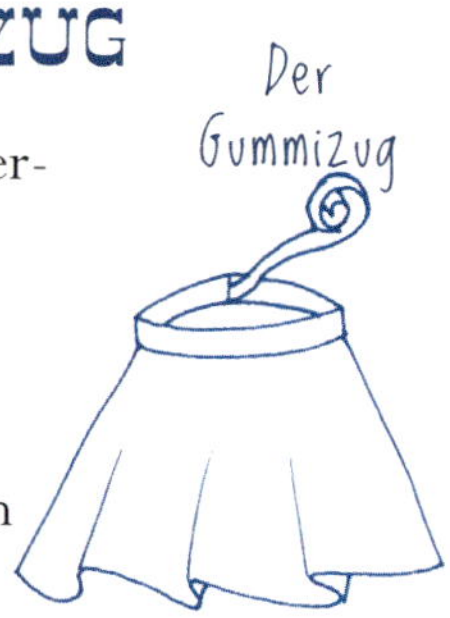

ROCK TELLER

DIE TISCHTUCHMETHODE

UMSETZUNG MIT REISSVERSCHLUSS, ROCK AUS ZWEI TEILEN

Legen Sie die Teile rechts auf rechts aufeinander und schließen Sie eine der Seitennähte. An der anderen Seite einen Reißverschluss einsetzen und den Rest der Seitennaht schließen. Den Bund – mit 5 cm Nahtzugabe – am Rock befestigen, wie auf Seite 80 beschrieben.

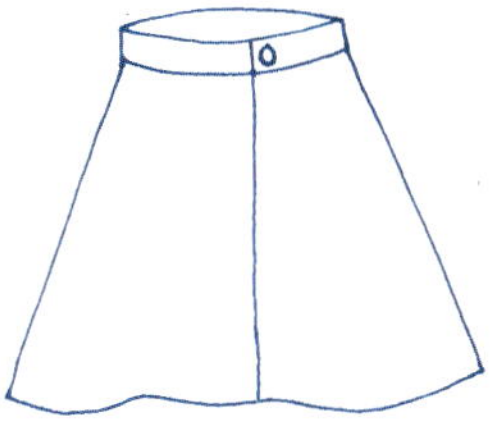

der verdeckte Reißverschluss

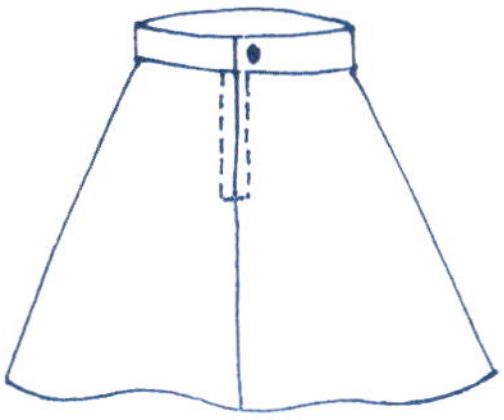

der normale Reißverschluss

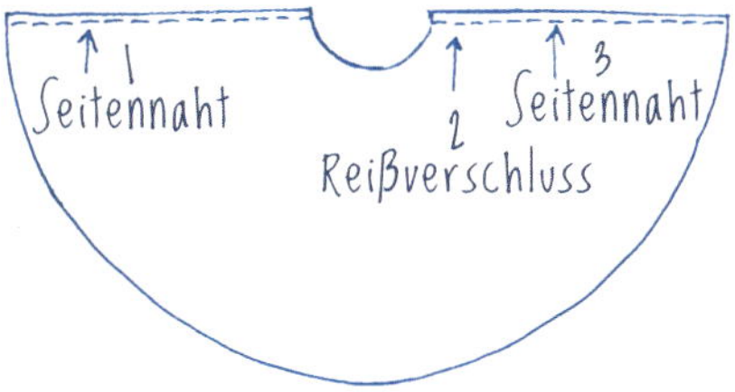

Bund

UMSETZUNG MIT REISSVERSCHLUSS, ROCK AUS EINEM STÜCK

Weil Nähte in solch einem schönen Tischtuch eine Sünde sind, verwende ich die nachfolgende Methode für einen nahtlosen Tellerrock mit Reißverschluss. Stoff oder Tischtuch in der Mitte falten. Zum Taillenumfang die 2 cm hinzuzählen, die man für die Reißverschlussnaht braucht. Dies wieder durch 6,28 teilen und diesen Wert von der Mitte aus nach oben, links und rechts markieren. Die Nahtzugabe an Taille und Saum anzeichnen und den Rock auf diesen Linien ausschneiden.

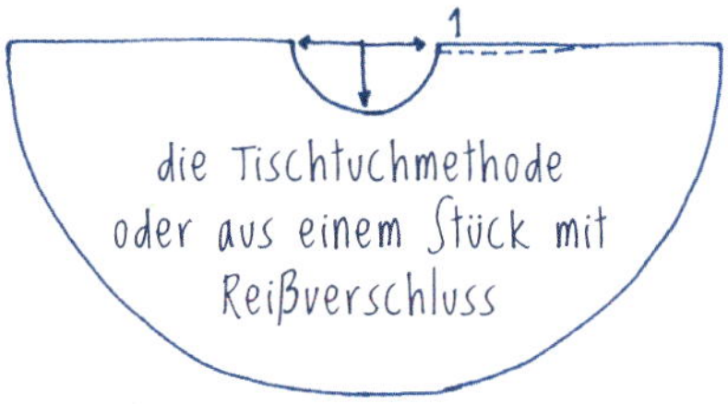

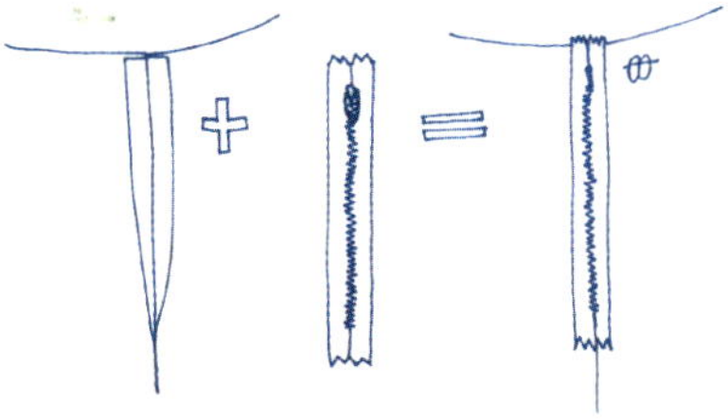

Den Rock in der Mitte falten und die Länge des Reißverschlusses an einer Bruchkante abmessen; mit einem Strich die Länge des Reißverschlusses markieren. Auf einer Linie parallel zur Bruchkante an der Taille nähen, bis Sie fast an der Markierung sind, dann – wie beim Abnäher – zur Markierung nähen und dort die Naht ins Leere auslaufen lassen. Die Naht bis 2-3 mm vor dem Ende einschneiden und den normalen Reißverschluss mit der rechten Seite auf die Naht legen, feststecken und annähen, wie auf Seite 120 zu sehen. Wer den verdeckten Reißverschluss lieber hat, sieht auf Seite 52 nach.

SAUM

Die Stoffkante möglichst schmal aufrollen und annähen.
Bei einem Rock mit Unterrock/-röcken erst den äußeren Rock säumen, damit Sie kontrollieren können, dass die anderen Röcke nicht unter dem äußeren Rock hervorschauen.

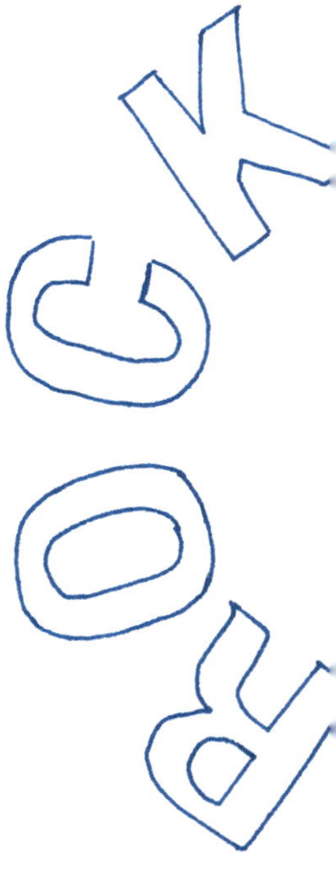

TELLER

KRÄUSELROCK MIT DEHNBAREM BUND

Der Kräuselrock, wie herrlich muss der sitzen!
Dieser Rock hat kein Schnittmuster. Das Rockteil ist ein Stück Stoff, das Sie so breit zuschneiden, wie Sie wollen. Für den gelb gemusterten Rock habe ich den Hüftumfang ungefähr mal drei genommen und für den anderen Rock verdoppelt. Den farbigen Bund oben schneiden Sie aus dehnbarem Stoff zu, der so fest ist, dass der Rock nicht herunterrutscht.
Wenn Sie den Rock für sich selbst nähen (und über 14 Jahre alt sind), nehmen Sie kein gerades Stoffstück, sondern gehen vom Schnittmuster für die A-Form oder für den Glockenrock aus. Auf Seite 137 sehen Sie, wie Sie dann vorgehen müssen.

SCHNITTTEILE

• Rockteil, die Länge in der Größentabelle nachsehen. Für die Breite mindestens zweimal den Hüftumfang einplanen. Hier ist das Rockteil entlang der Webkante zugeschnitten, somit muss die Unterkante nicht gesäumt werden.
• Breiter Bund, da sich nicht jeder dehnbare Stoff gleich stark dehnt, ist es besser, den Bund erst anzuprobieren. Er muss sowieso ein paar Zentimeter schmaler sein als der Taillenumfang. Beachten Sie, dass der Bund der Länge nach gefaltet wird, bevor er an das Rockteil genäht wird, und nehmen Sie die gewünschte Höhe mal zwei. Ich selbst nehme immer mindestens 12 cm, einschließlich der Nahtzugaben.

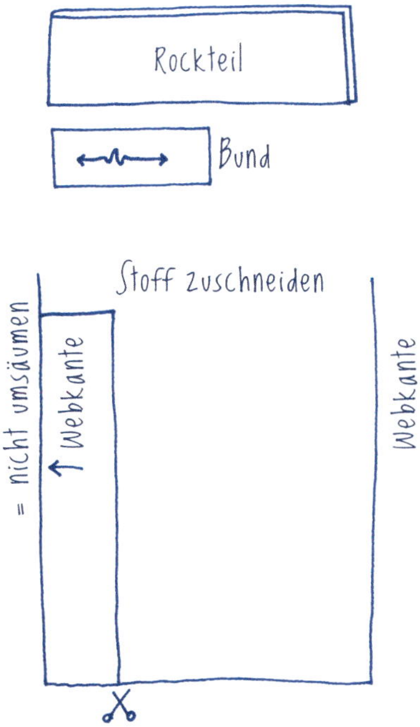

NAHTZUGABE

Bei diesem Rock wird nicht auf den Zentimeter geschaut, es ist also völlig egal, wie viel Nahtzugabe Sie für die Seitennaht einplanen.
Den gelben Rock habe ich mit einer französischen Naht gearbeitet und den grünen mit einer normalen Zickzacknaht. In der Anleitung steht eine französische Naht.

KRÄUSEL
ROCK
für die
Kleinen

1. ROCKTEIL

a. Rockteil links auf links zusammenfalten, 0,5 cm vor der Stoffkante zusammennähen, Nahtzugaben zu einer Seite bügeln und lose Fadenenden abschneiden.

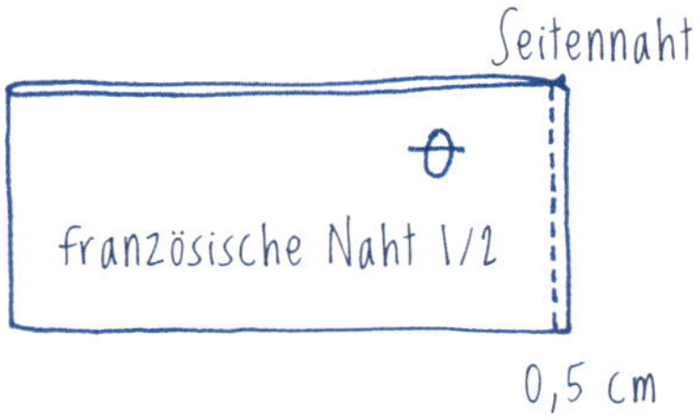

b. Den Rock wenden und nun 1 cm vor der Kante nähen, sodass die unversäuberten Kanten unsichtbar sind.

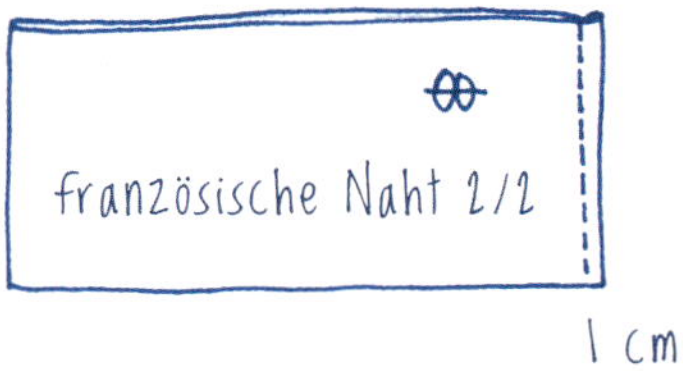

c. Den Rock nochmals zusammenfalten und jeweils an der Bruchkante leicht einschneiden. Der Rock wird so in vier gleich große Abschnitte eingeteilt.

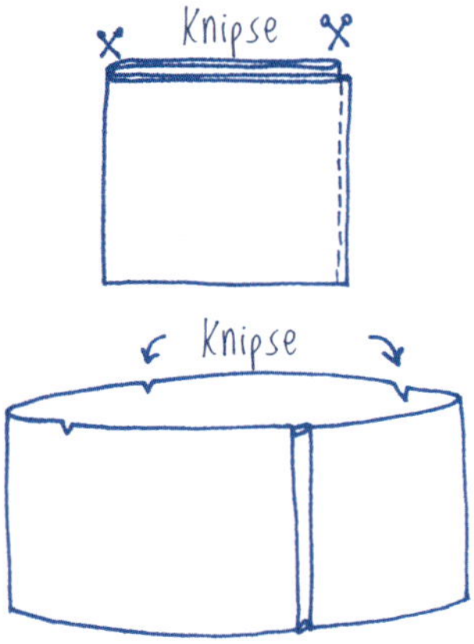

2. BUND

a. Den Bundstreifen rechts auf rechts zusammenlegen und zunähen. Nehmen Sie den Zickzackstich, falls sich der Stoff zu sehr dehnt.

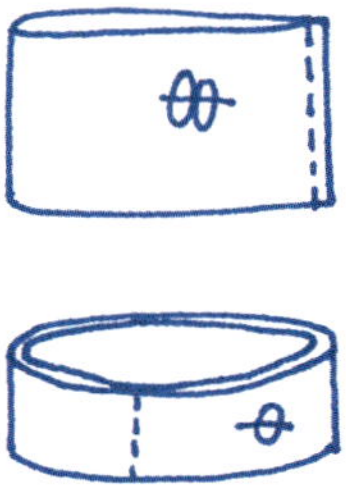

b. Den Bund wenden und dann der Länge nach umlegen, die Naht liegt innen. Bund anprobieren und eventuell korrigieren; dann wie das Rockteil in vier gleich große Abschnitte einteilen.

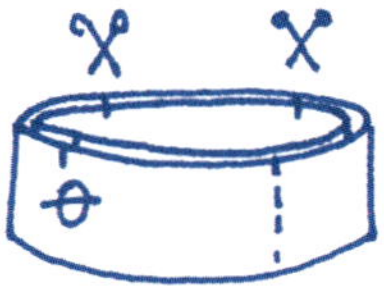

KRÄUSELN

Die beiden Schnittteile, die aneinandergenäht werden (Bund, Rockteil), jeweils in vier gleich große Abschnitte einteilen.

a. Bei der Maschine die größte Stichlänge einstellen und 0,5 cm vor der Stoffkante einmal rings um das Stoffteil herumnähen. Anfang und Ende der Naht müssen richtig fest sitzen. 1 cm darunter wiederholen.

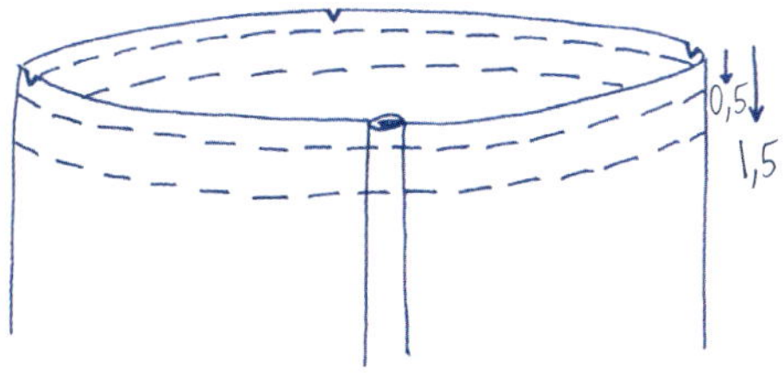

b. Den Bund in das Rockteil stecken, rechts auf rechts. Die vier Knipse jeweils aneinanderstecken. Die Fäden an beiden Nähten anziehen, sodass der Stoff anfängt, sich zu kräuseln. Das geht eigentlich ganz einfach, wenn Sie die größte Stichlänge genommen haben.
An den Nähten (= Kräuselfäden) ziehen, bis das Rockteil etwas breiter ist als der Bund. Dabei immer von einem Knips zum nächsten arbeiten.

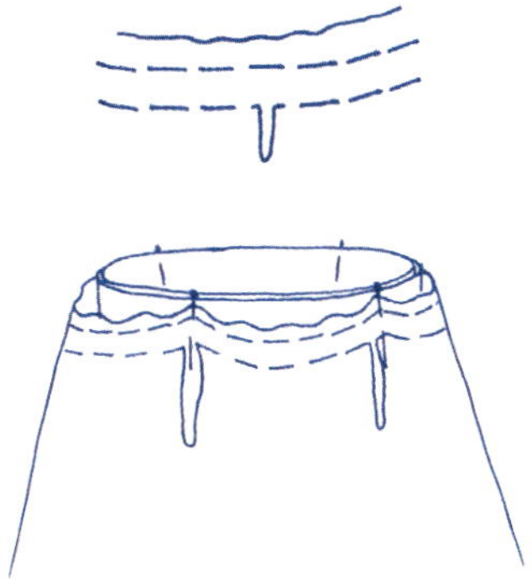

c. Rockteil und Bund exakt zwischen den beiden Kräuselfäden aneinandernähen. Nehmen Sie eine Stichart, die ein bisschen „zickzackt“, damit der Faden nicht reißt, wenn der Bund gedehnt wird. Wenn Sie das Rockteil an einen nicht dehnbaren Bund nähen, nehmen Sie den normalen Stich. Das machen wir beim nächsten Rock.
Den Bund beim Nähen etwas dehnen, um beide Teile perfekt aneinander anzupassen. Die Stecknadeln frühzeitig entfernen, sonst kann die Nähnadel an ihnen zerbrechen.

d. Die unversäuberten Nahtzugaben mit Zickzackstich umnähen und die Kräuselfäden entfernen, zumindest die unteren.

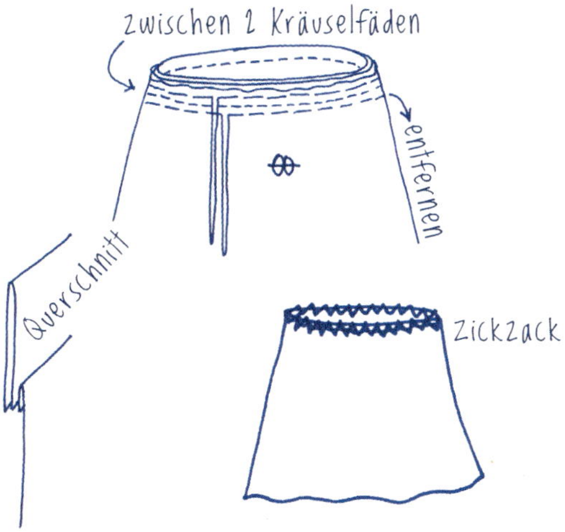

KRÄUSELROCK MIT BUND

Dieser Rock bekommt einen festen Bund anstelle eines dehnbaren. Genau dasselbe, aber doch ganz anders. Zumindest vom Zeitaufwand her: War der vorige Rock noch einer von den schnelleren Röcken aus dem Buch, dann wird dieser doch eher eine abendfüllende Beschäftigung.
Das gerade Stoffstück für das Rockteil habe ich wieder an der Webkante zugeschnitten. Eigentlich wollte ich es umsäumen, aber beim Anprobieren fand ich, dass der weiße Rand durchaus etwas hat, also durfte er bleiben.
Nähen ist ein organischer Prozess.

SCHNITTTEILE

- Rockteil, die Länge in der Größentabelle auf Seite 13 nachsehen, die Breite wählen Sie selbst. Für diesen Rock habe ich fast 2 Meter verarbeitet. Nicht vergessen, die Mitte zu kennzeichnen.
- Bund, Rückseite verstärkt mit Einlage, 8 cm breit. Die Länge in der Tabelle auf Seite 13 nachsehen und 5 cm für die Nähte und den Riegel für den Knopf dazurechnen.
- Schlaufen für einen Gürtel, 5 Stoffstücke, 5 x 4 cm
- 1 normaler Reißverschluss und 1 Knopf

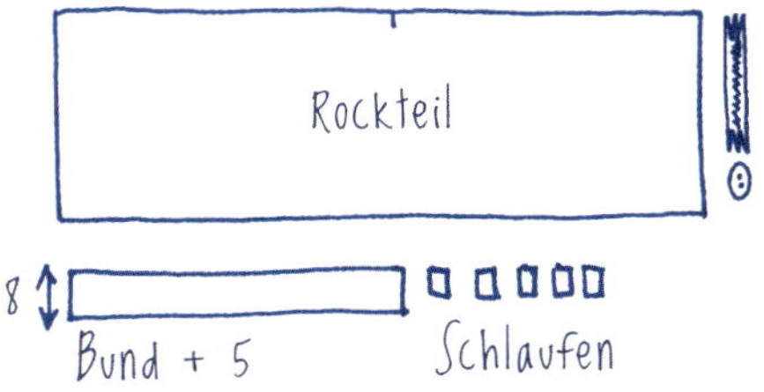

NAHTZUGABE

Planen Sie 2 cm für den Saum ein, wenn Sie den Rock nicht, wie ich es gemacht habe, an der Webkante zuschneiden. Bei den Seitennähten ist nichts zu berücksichtigen, es gibt nur eine, und die verschwindet größtenteils unter einem Reißverschluss.

1. BUND

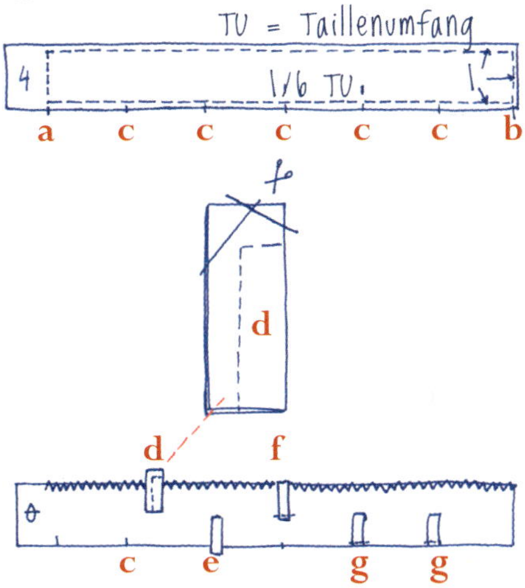

a. Beim Bund an der linken Seite 4 cm abmessen, mit einem Strich markieren (**a**), an der rechten Seite 1 cm abmessen und ebenfalls mit einem Strich markieren (**b**). Das Stück dazwischen ausmessen und in sechs gleich große Abschnitte einteilen. Auch hier die einzelnen Abschnitte mit einem Strich kennzeichnen (**c**). Dann die Oberkante versäubern.
d. Für die Schlaufen jedes Stoffstück (alle fünf) rechts auf rechts in der Mitte falten und zusammennähen. Die Schlaufen wenden (**e**) und einige Millimeter vor der Kante absteppen.
f. Eine Schlaufe an der ersten c-Markierung auf den Bund legen, die unversäuberte Kante schließt mit der Bundoberkante ab. In der Mitte des Bunds festnähen.
g. Die Schlaufe herunterklappen und 0,5 cm vor der Unterkante annähen. Mit allen Schlaufen wiederholen.

2. DER NORMALE REISSVERSCHLUSS

a. Rockteil rechts auf rechts falten. Die Länge des Reißverschlusses markieren und bis dorthin mit großer Stichlänge nähen. Vernähen und mit normaler Stichlänge fortfahren.

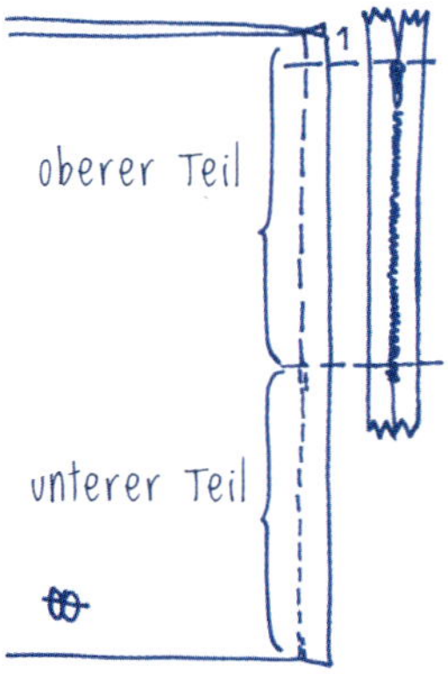

b. Die Nahtzugaben auseinanderbügeln und am unteren Teil die Nahtzugaben versäubern.

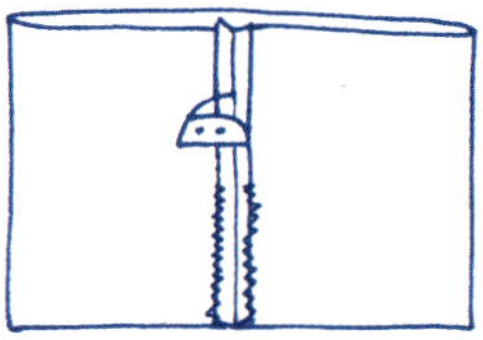

c. Den Reißverschluss mit der Vorderseite auf die Naht legen, der Schieber ist 1 cm unter der Stoffkante, und feststecken. Das Feststecken erledigt man am besten auf der Vorderseite, dann kann man später beim Nähen die Stecknadeln einfacher herausnehmen.
Die Unterkante des Reißverschlusses ebenfalls mit einer Stecknadel markieren. Alternativ den Reißverschluss mit Wondertape festkleben.

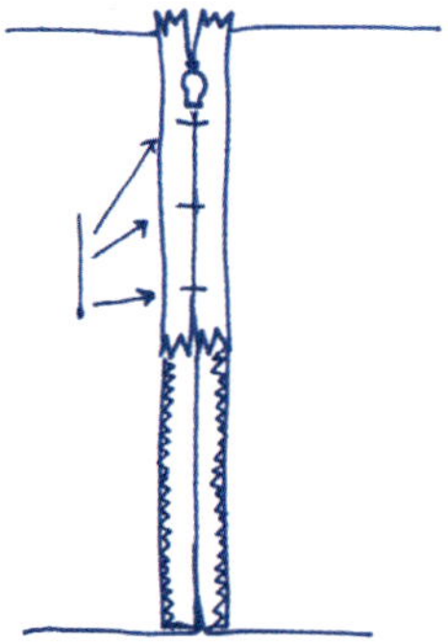

d. Normalen Fuß gegen Reißverschlussfuß tauschen und den Reißverschluss einnähen, dabei nahe genug am Reißverschluss bleiben, sodass Nahtzugabe und Reißverschluss in der Naht erfasst sind.

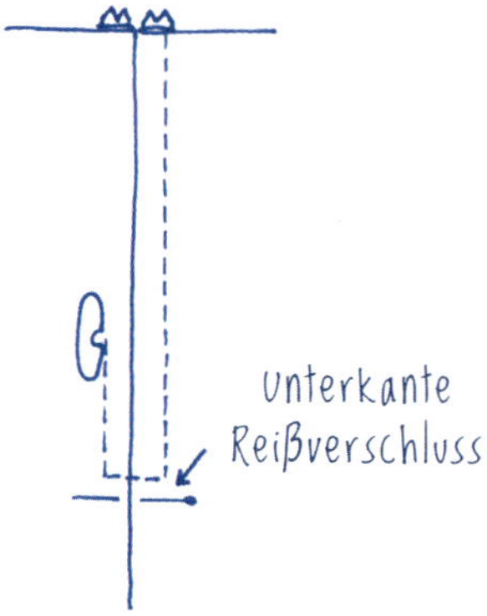

e. Die Naht am oberen Teil aus Schritt a mit einem Nahttrenner auftrennen und lose Fäden entfernen.

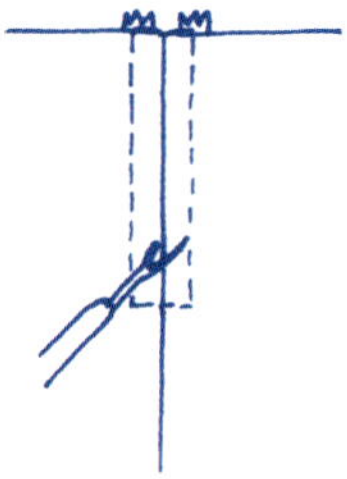

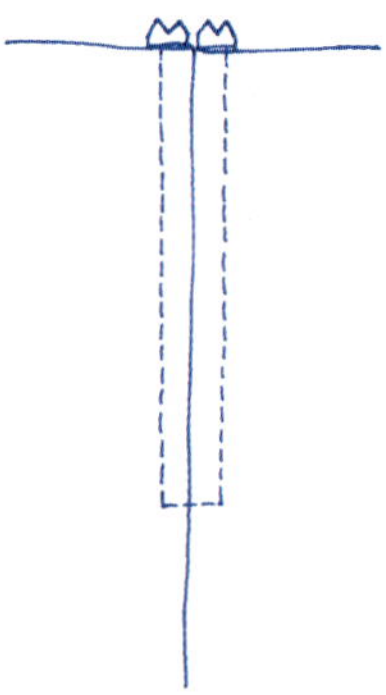

DER
NORMALE
REISSVERSCHLUSS

3. EINS ZUM ANDERN

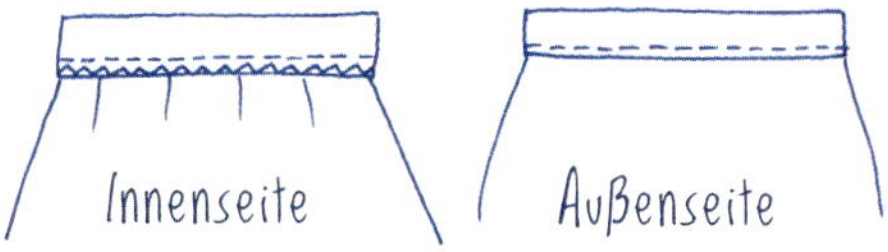

In dieser Anleitung arbeite ich mit nur einem Kräuselfaden, aber Sie können natürlich auch zwei Kräuselfäden nähen wie beim vorigen Rock. Setzen Sie dann 0,5 und 1,5 cm unterhalb der Stoffkante eine Kräuselnaht und nähen Sie den Rock zwischen den beiden an den Bund.

a. Beim Rockteil 0,5 cm vor der oberen Kante bei größter Stichlänge einmal ringsherum nähen. Den Faden an der Naht anziehen, sodass sich der Stoff kräuselt, bis der Rock etwa die Breite des Bunds hat.

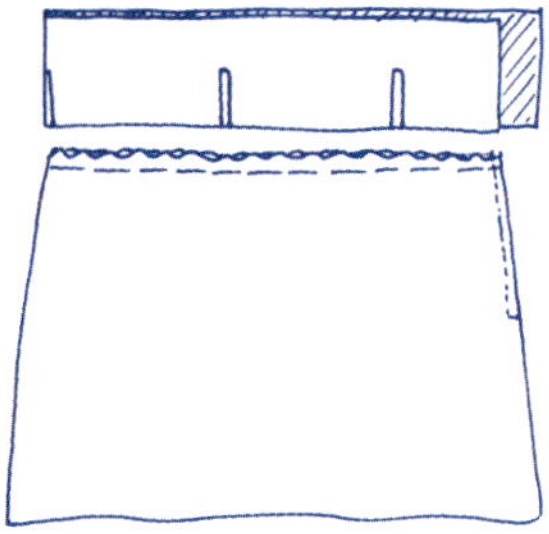

b. Den Bund mit der Schlaufenseite nach oben hinlegen und den Rock – gleichmäßig zwischen den Überständen links (1 cm) und rechts (4 cm) verteilt – an den Bund stecken, rechts auf rechts. Der Knips in der Mitte des Rockteils liegt auf der dritten Bundschlaufe.
Den Rock an den Bund nähen, dabei liegt der Bund unten, sodass Sie die Kräuselung hier und da noch korrigieren können.

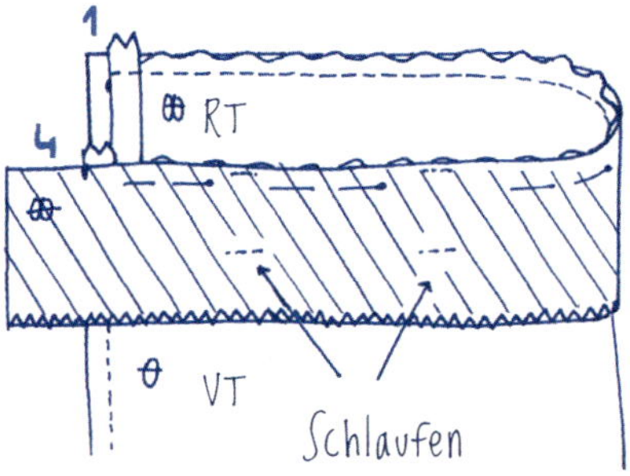

c. Den Bund an den Seiten wie folgt schließen: Der Reihe nach beide Seiten so falten und nähen, wie in der Zeichnung gezeigt. Dann die Ecken zurückschneiden und Bund wenden.

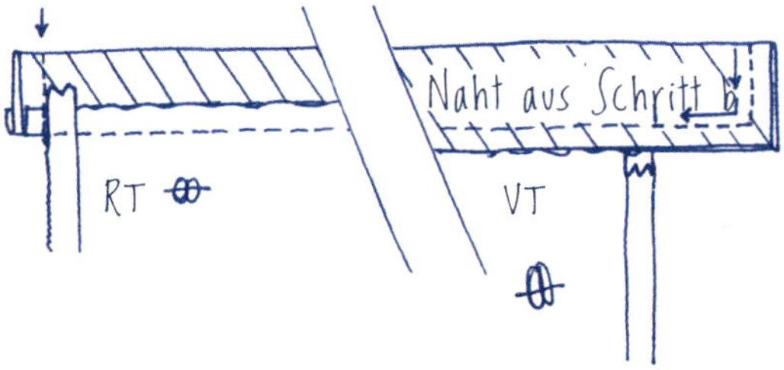

d. Die versäuberte Stoffkante vom Bund wird hinten auf der Innenseite nicht mit in den Bund eingeschlagen, sondern liegt weiterhin nach unten und wird mit festgesteppt, wie in den Abbildungen zu sehen. Erst alles feststecken, damit die Nähte aus Schritt b oben bleiben und die versäuberte Kante unten.

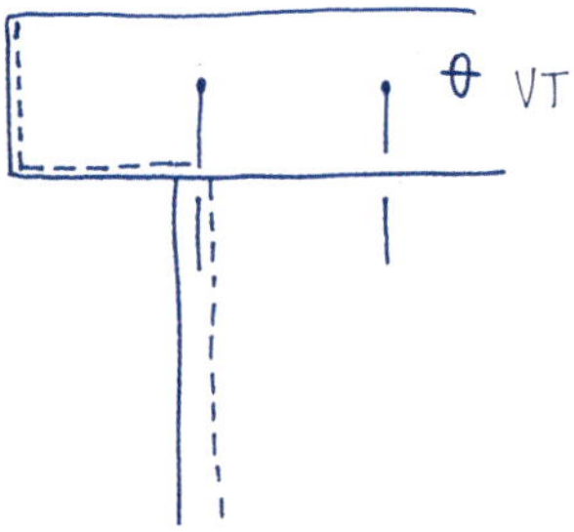

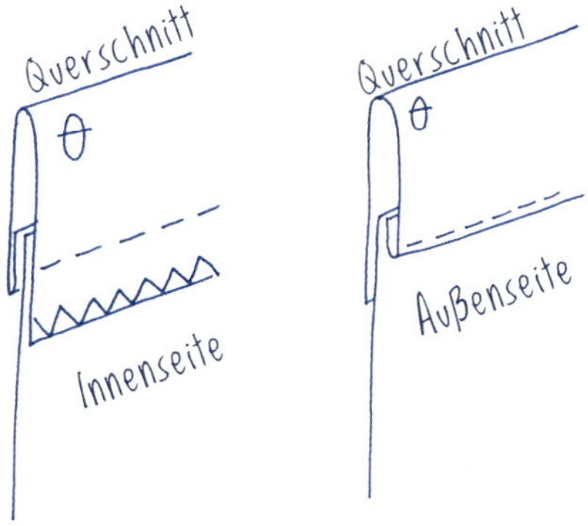

4. KNOPF UND LOCH

Jetzt bloß noch Knopf annähen und Knopfloch anfertigen, und wie das geht, finden Sie beim Glockenrock auf Seite 81.

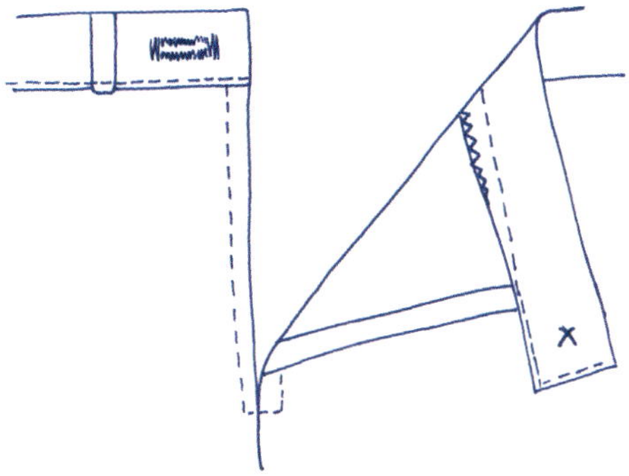

☆ROCK MIT SCHLEIFE

Das ist wohl der niedlichste Rock aus dem Buch.
Es ist wieder ein Rock ohne Schnittmuster. Sie können ihn also im Grunde in jeder Größe machen, ich selbst finde ihn für Klein- und Kindergartenkinder am schönsten.
Meiner Meinung nach darf die Schleife sehr präsent sein – mehr Schleife als Rock eigentlich. Aber wenn Sie lieber eine dezentere Schleife mögen, nur zu, machen Sie einfach, was Ihnen gefällt.
Nochmals, wie viel Stoff Sie nehmen, entscheiden Sie selbst. Ich halte mich an die Regel: Je weicher und dünner der Stoff, desto mehr kann man nehmen, ohne dass es übertrieben wirkt.
Der Bund sieht sehr breit aus, aber er wird vor dem Nähen in der Mitte gefaltet. Also alles halb so wild.

SCHNITTTEILE

Schneiden Sie ein Rechteck von 2-mal Rocklänge und 1,5- bis 2-mal Hüftumfang zu. Diese Maße finden Sie in der Größentabelle auf Seite 13.
Um Nahtzugaben brauchen Sie sich nicht zu kümmern. Weil ich den Rock an der Webkante entlang zugeschnitten habe, brauchte ich auch keine Saumzugabe.

Wenn Sie den Stoffstreifen der Höhe nach in zwei Teile geschnitten haben, kann's losgehen.

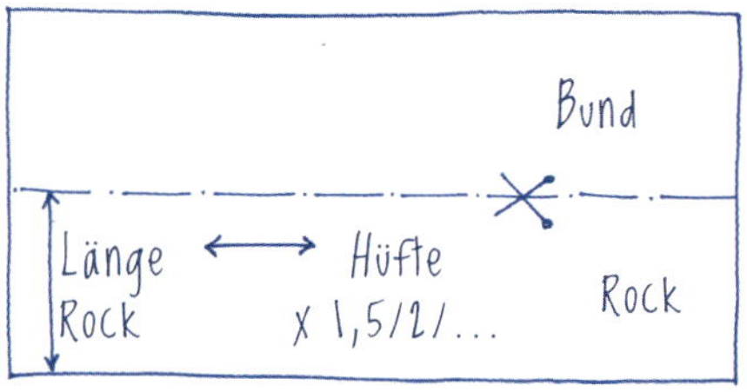

1. BUND

a. Bund in der Mitte falten, erst der Höhe nach und dann der Breite nach. Die Hälfte des Taillenumfangs (a), den Sie gemessen oder aus der Größentabelle entnommen haben, markieren. Die Ecken großzügig abrunden; das geht mit einer geraden Linie oder einem Bogen. Auf der Linie durch die vier Stoffschichten hindurchschneiden.

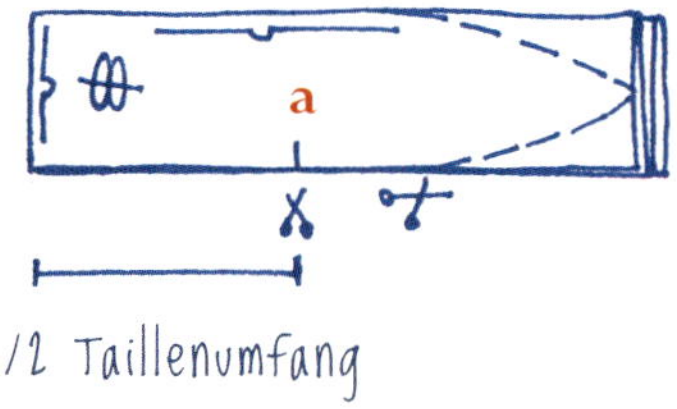

b. Den Bund einmal aufklappen, wie in der Zeichnung gezeigt, und an der gerade entstandenen Schnittlinie entlangnähen; ein paar Zentimeter vor den Knipsen aus Schritt a die Naht beenden.

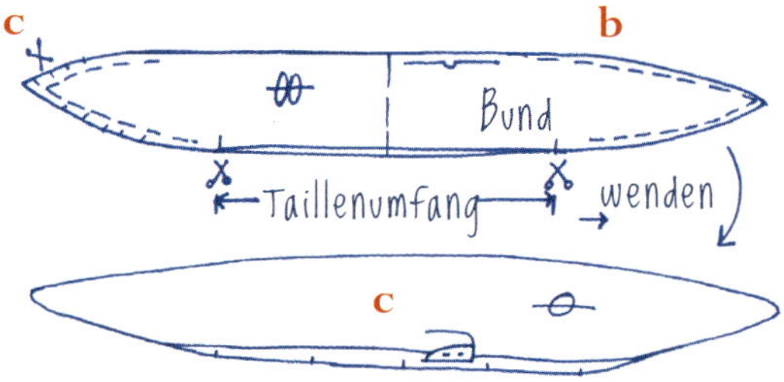

c. Die Nahtzugabe an den Bogennähten bis 2 mm vor der Naht einschneiden, den Bund wenden und flach bügeln. Eine der beiden Kanten unten 1 cm einschlagen und bügeln, die andere in vier gleich große Abschnitte einteilen (Taillenumfang durch vier teilen) und jeweils mit einem Knips markieren.

ROCK MIT

SCHLEIFE

2. ROCK

a. Den Reißverschluss einsetzen, wie auf Seite 120 gezeigt. Den Rock oben in vier gleich große Abschnitte unterteilen und diese mit Knipsen markieren.

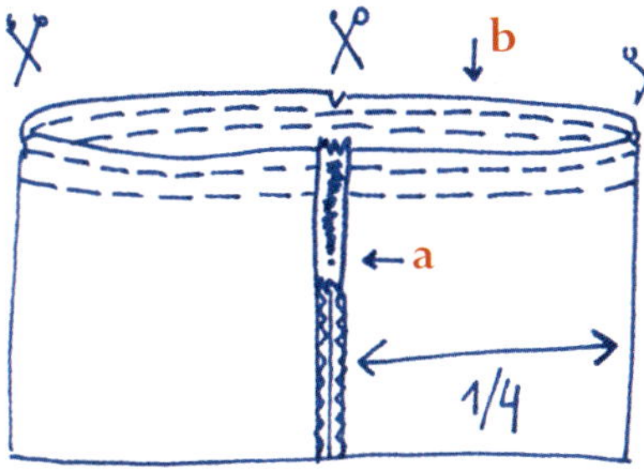

b. Bei der Nähmaschine die größte Stichlänge einstellen und in 0,5 cm Abstand zur Kante komplett ringsherum nähen. Anfang und Ende der Naht müssen ordentlich fest sein, das werden die Kräuselfäden. Die zweite Kräuselnaht 1 cm tiefer setzen. Die Fäden der Nähte so anziehen, dass das Rockteil genauso breit wird wie die Öffnung im Bund.

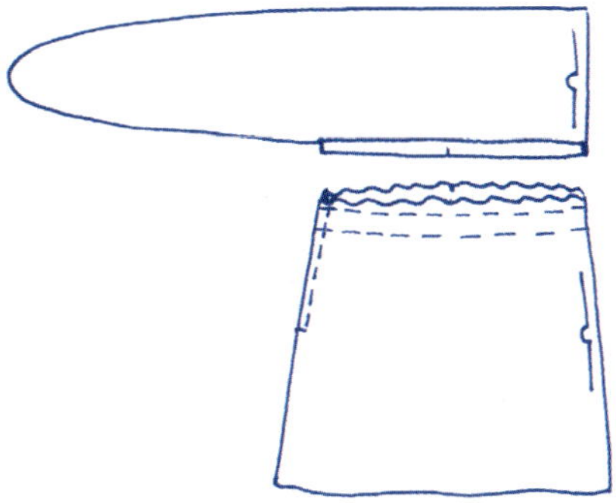

3. EINS ZUM ANDERN

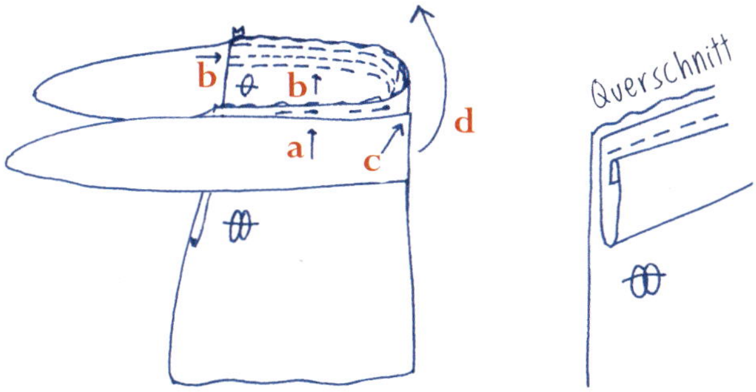

a. Den Bund mit der nicht eingeschlagenen Kante an die Innenseite des Rocks legen. Knipse aneinanderstecken und darauf achten, dass die Kräuselung schön verteilt ist, eventuell noch korrigieren.

b. Den Rock zwischen den beiden Kräuselfäden an den Bund nähen, aber achten Sie darauf, dass die Bundunterseite nicht in der Naht mitgefasst wird (c). Die Kräuselfäden entfernen.

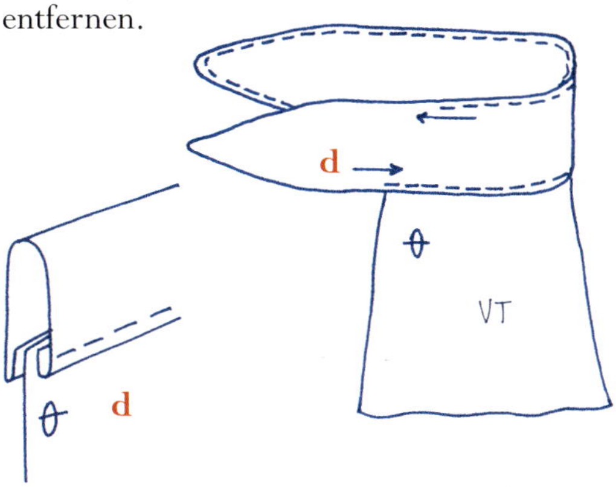

d. Den Bund ganz hochklappen, sodass die Naht innen im Bund landet. Die Bundvorderseite durch die fünf Stoffschichten hindurch absteppen. Das geht leicht, weil der Bund schon 1 cm umgebügelt ist. Sie können erst alles feststecken, wenn Sie das einfacher finden. Falls gewünscht, können Sie auch den ganzen Bund mit Schleife noch absteppen, wie in der Abbildung gezeigt. Ich wollte eine eher lockere Schleife und habe das weggelassen.

Wer ein Paspelband zwischen Bund und Rock haben möchte, steckt es vor dem Absteppen dazwischen, wie auf Seite 80 erklärt ist.

☆ ROCK MIT KELLERFALTE

Dieser Rock sieht viel komplizierter aus als die normale A-Form, unterscheidet sich aber lediglich durch zwei Schritte. Zuerst muss diese Falte hinein, aber das ist nicht so aufregend, und dann das Paspelband, eigentlich ein alter Hut – und doch ein ganz anderer Rock. Die Falten vorne werden hineingebügelt oder abgesteppt, und bei der Mädchenversion habe ich sogar überhaupt nichts an den Falten gemacht.

SCHNITTMUSTERBOGEN

- A-Form Frauen
- A-Form Mädchen

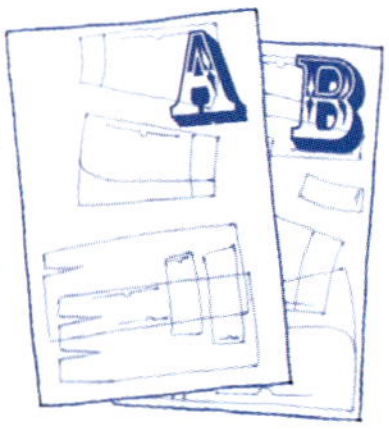

SCHNITTANPASSUNG

Beim Übertragen des Schnitts auf Papier die Beleglinie mit abpausen. Den Schnitt auf dieser Linie in zwei Teile schneiden.
Der Besatz von Vorder- und Rückenteil bleibt unverändert. Beim vorderen Rockteil kommen bei vM 10 cm hinzu. Nehmen Sie das Geodreieck für diese senkrechte Linie.
Die alte und die neue vM oben und unten mit Knipsen markieren.

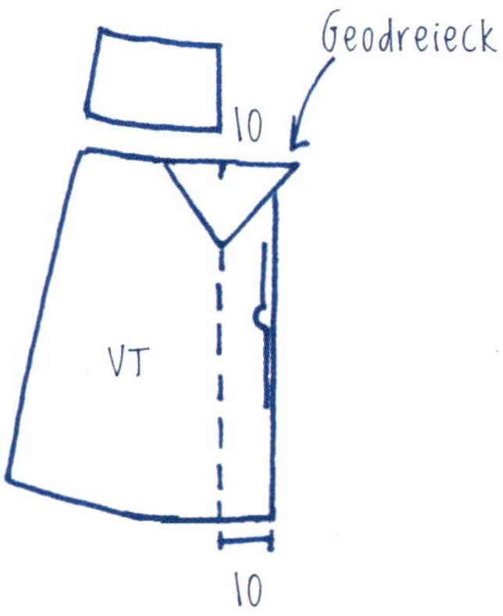

SCHNITTTEILE

Rock

- angepasstes, vertieftes Vorderteil
- vertieftes Rückenteil
- Besatz Vorder- und Rückenteil, mit Einlage verstärkt
- verdeckter Reißverschluss
- Paspel

Futter

- vertieftes Vorderteil
- vertieftes Rückenteil
- Beleg Vorder- und Rückenteil

Extrazubehör

- Nähmaschinenfüße für normalen und verdeckten Reißverschluss

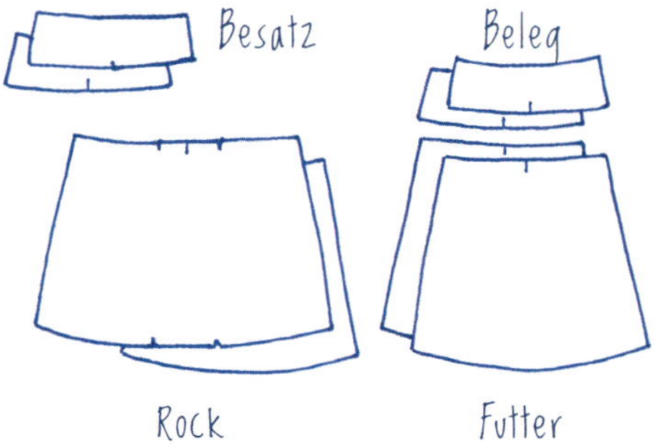

NAHTZUGABE

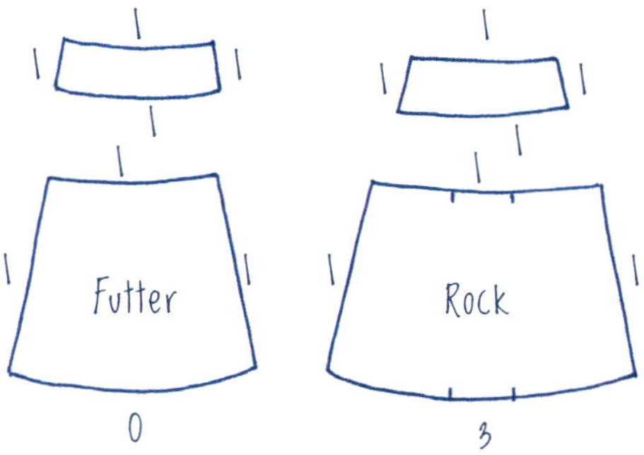

ROCK MIT KELLERFALTE

SIE HABEN ZWEI MÖGLICHKEITEN

STEIFE KELLERFALTE MIT NAHT

Das Vorderteil am oberen und unteren Knips der alten vorderen Mitte falten und die Falte so dicht wie möglich an der Kante abstep-pen. Bei den anderen alten Vordere-Mitte-Knipsen wiederholen.

GEBÜGELTE KELLERFALTE OHNE NAHT

Vorderteil rechts auf rechts falten und ausgehend von den beiden ursprünglichen Vordere-Mitte-Knipsen ein paar Zentimeter senkrecht nach unten nähen. Diese Naht entfernen Sie später wieder oder auch nicht, falls die Falte auf den ersten Zentimetern geschlossen sein soll. Das Vorderteil wieder aufklappen und flach bügeln.

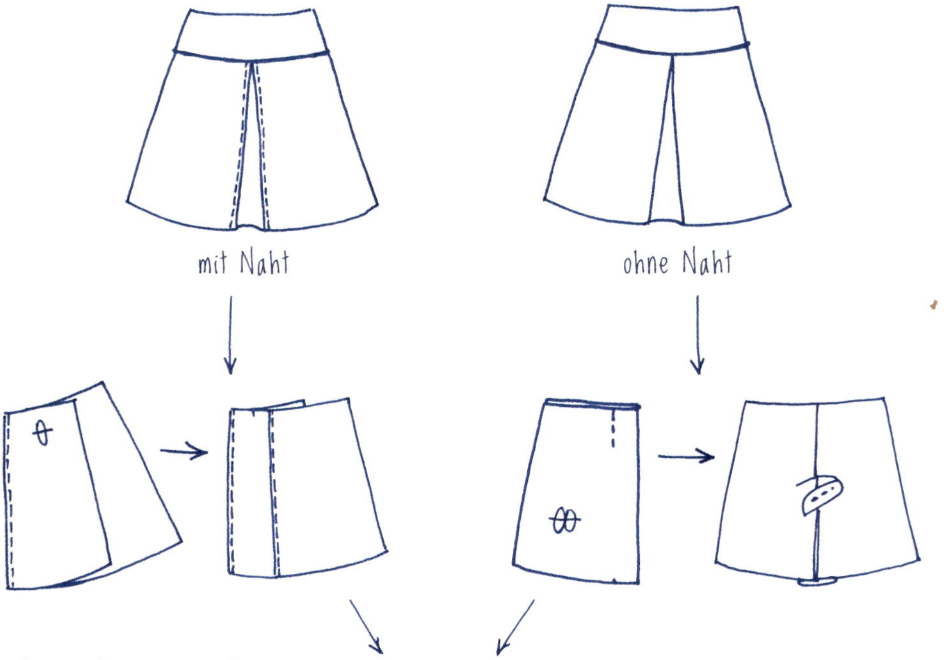

Die beiden soeben eingenähten Falten an die „neue" vordere Mitte legen und 0,5 cm vor der Stoffkante feststeppen. Den Rock so fertigstellen wie die A-Form mit Paspel auf Seite 60 bis 61.

Sie können die Falte oben auch ein paar Zentimeter weit feststeppen, dann sieht der fertige Rock so aus.

DER KELLERFALTENROCK MIT ERIN DRIN

a. Für einen Rock mit schrägem Besatz übertragen Sie die Beleglinie nicht mit, sondern zeichnen eine neue Linie schräg nach unten bis an die vordere Mitte

b. Die Teile auf der neuen Linie auseinanderschneiden und beim Rockteil an der vorderen Mitte 10 cm dazu zeichnen. Oben etwas mehr Stoff nehmen.

c. Den Schnitt ausschneiden, wie es in der Abbildung zu sehen ist.

d. Eine der beiden Versionen von Seite 131 für die Kellerfalte wählen und die Falten zum Feststeppen an den Knips in der vorderen Mitte anlegen. Überschüssigen Stoff wegschneiden und fertigstellen, wie die A-Form mit Paspelband auf Seite 60 bis 61.

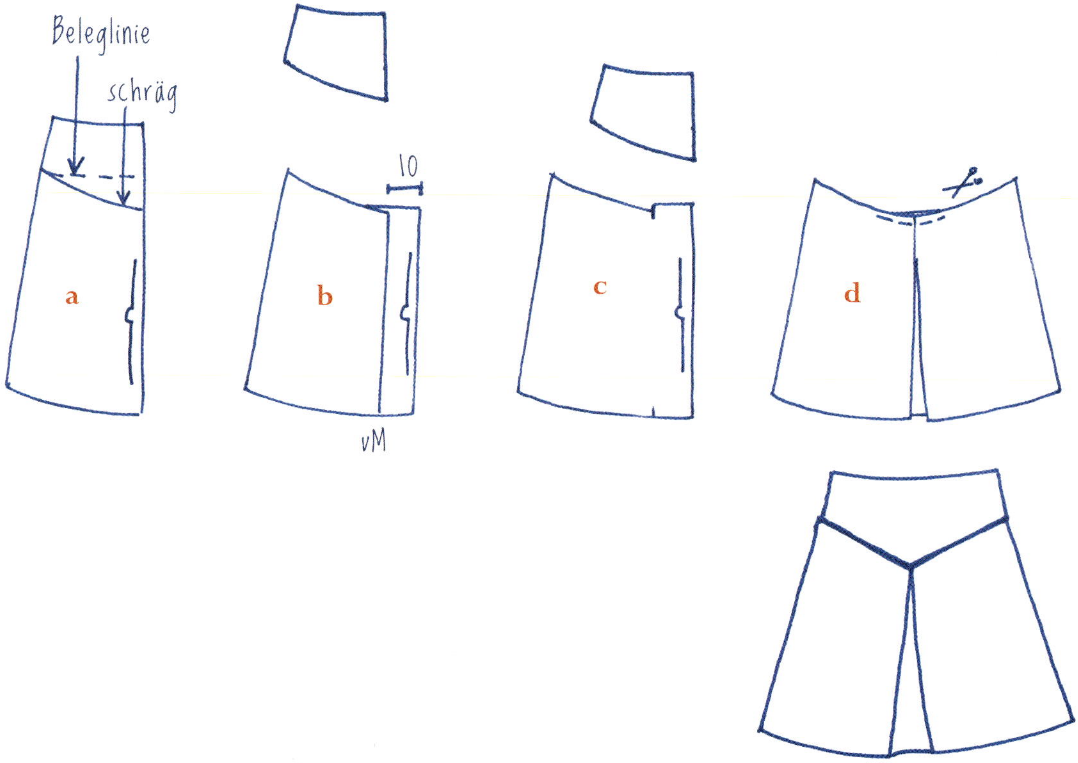

A-Form-Kräuselrock

A-FORM-KRÄUSELROCK

Dieser Rock erfordert etwas mehr Konzentration, was den Schnitt betrifft, aber das Ergebnis ist dann auch entsprechend. Der Rock ist die verbesserte Fassung des schnittlosen Kräuselrocks von Seite 118. Unten ist er identisch, aber oben steckt „mehr Modell" in ihm. Dadurch sieht man in diesem Rock weniger stämmig aus. Luna hat das ja nicht nötig, aber ich kann es für mich nur begrüßen.
Der Rock hat einen normalen Reißverschluss und einen Knopf am Bund. Für mich selbst habe ich noch eine Variante mit Knopfleiste gemacht, aber die zeige ich Ihnen später.

SCHNITTMUSTERBOGEN

- A-Form Frauen
- A-Form Mädchen

SCHNITTANPASSUNG

a. Vorder- und Rückenteil übertragen und die Taille in drei Abschnitte einteilen. Von diesen Punkten aus parallel zur vorderen und hinteren Mitte senkrechte Linien bis zum Saum ziehen. Irgendwo auf halber Strecke auch eine waagerechte Linie im rechten Winkel zu all diesen Linien setzen. Verwenden Sie ein Geodreieck! Die Streifen nummerieren und auf den beiden senkrechten Linien durchschneiden.

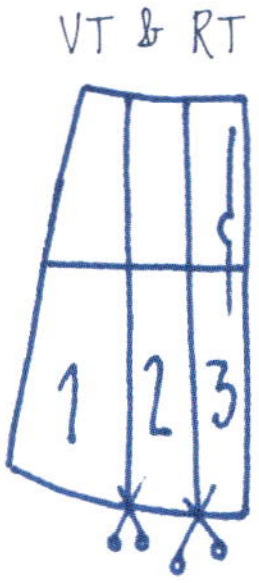

b. Einen größeren Papierbogen nehmen und darauf eine lange waagerechte Linie ziehen. Teil 3 auf das Papier kleben. Achten Sie darauf, dass die waagerechte Linie des Schnittteils exakt auf der waagerechten Linie des Papiers liegt. Den Streifen 2 mit 5 cm Abstand neben Streifen 3 auf den großen Bogen legen und festkleben. Darauf achten, dass die waagerechten Linien exakt aufeinanderliegen. Den Streifen 1 wieder im Abstand von 5 cm danebenkleben. Mit den Teilen für das Rückenteil wiederholen. Sie können den Zwischenraum vergrößern oder verkleinern und so mehr oder weniger kräuseln.

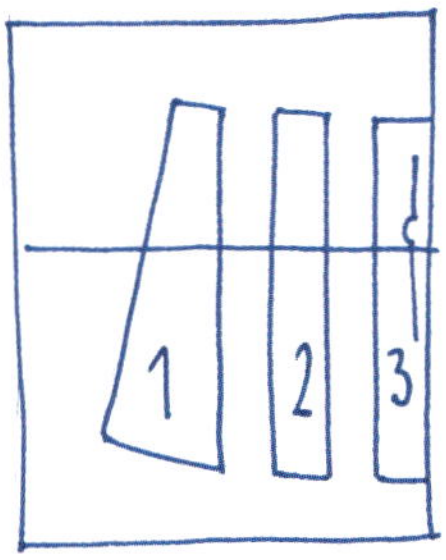

c. Die Schnitte aus dem Papier ausschneiden.

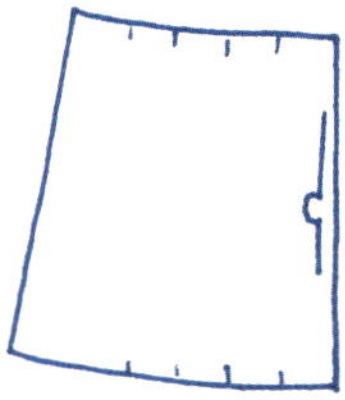

TIPP

Pausen Sie die Beleglinie mit ab, dann können Sie das untere Schnittteil als Basis für den All-in-one-Rock auf Seite 146 verwenden.

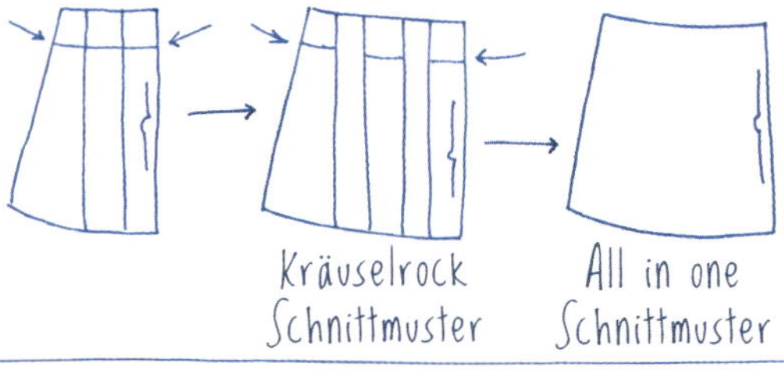

SCHNITTTEILE

- angepasstes Vorder- und Rückenteil
- Bund, verstärkt mit Einlage, 8 cm breit, Länge siehe Tabelle auf Seite 13; für die Naht sowie für den Knopfriegel 5 cm dazurechnen.
- normaler Reißverschluss und Knopf
- Paspelband

Extrazubehör

- Reißverschlussfuß

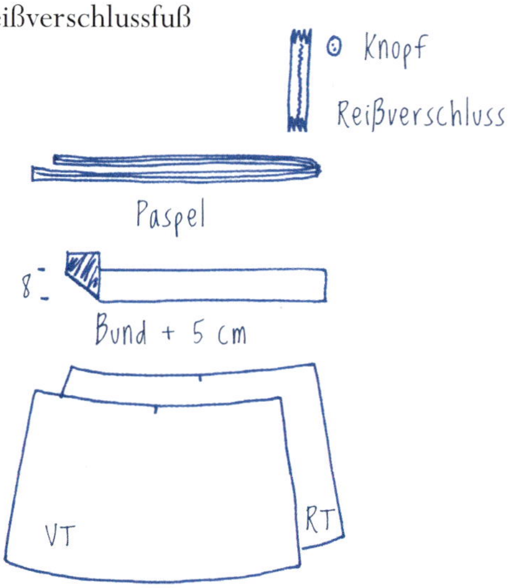

NAHTZUGABE

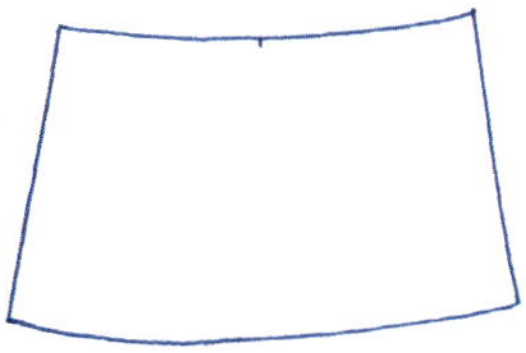

1. ROCK

a. Vorderteil rechts auf rechts auf das Rückenteil legen und die linke Seitennaht 1 cm vor der Stoffkante schließen, die Nahtzugaben versäubern und flach bügeln.

b. Den Reißverschluss so einsetzen, wie auf Seite 120 erklärt. Mit einem Knips die Taillenmitte markieren.

c. Mit der größten Stichlänge einmal oben rings um den Rock herum nähen, je nach Wunsch mit einem oder zwei Kräuselfäden arbeiten; ich habe hier einen verwendet. Am Reißverschluss anfangen und enden.

d. Die Fäden der Naht so anziehen, dass der Rock genauso breit wird wie der Bund.

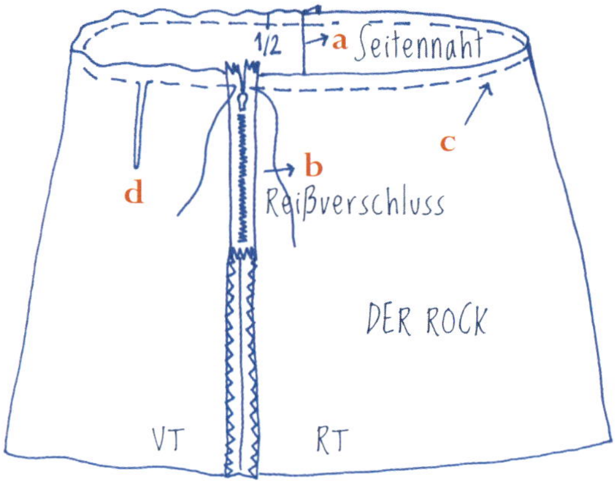

2. BUND

Das Paspelband an den Bund nähen. An der linken Bundseite 4 cm abmessen und markieren, an der rechten Seite 1 cm abmessen und ebenfalls mit einem Strich markieren. Den Abstand dazwischen ausmessen und in zwei Abschnitte einteilen.

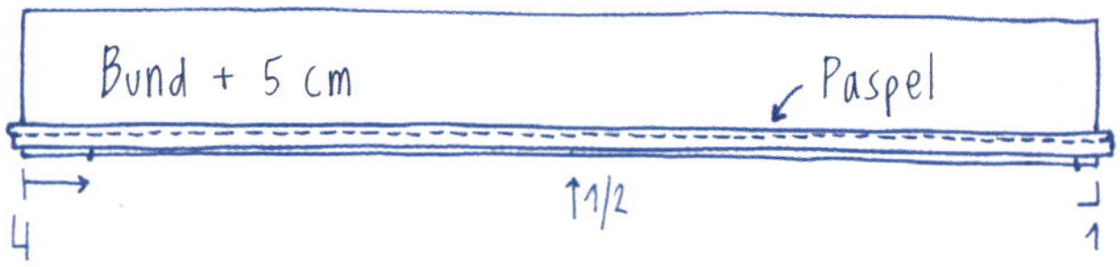

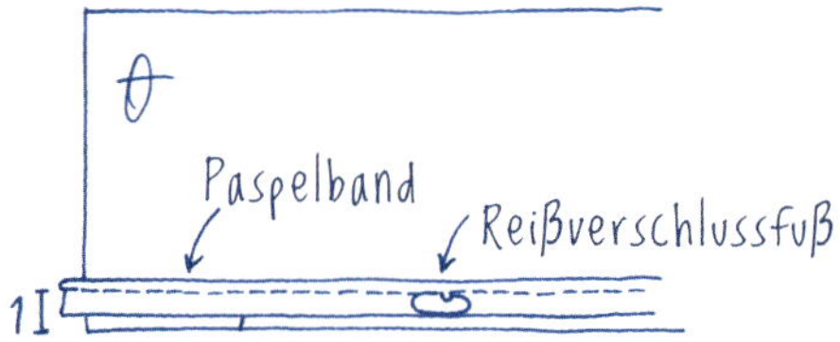

KRÄUSEL-ROCK

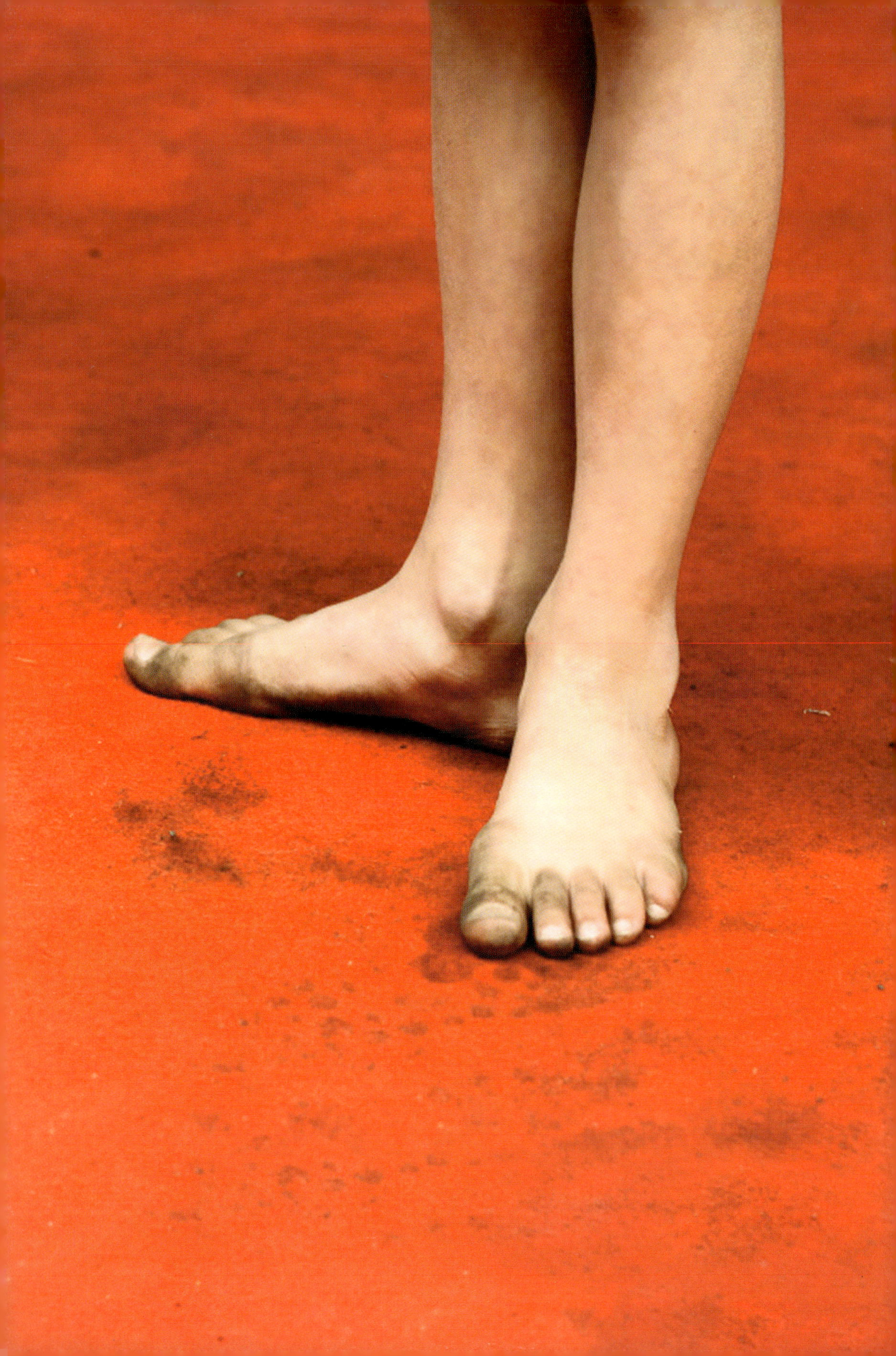

3. EINS ZUM ANDERN

a. Den Bund mit der rechten Seite an die linke Rockseite stecken. Der Rock liegt zwischen den Markierungen von 4 und 1 cm. Die Kräuselfalten gleichmäßig an der Rockkante verteilen.
Den Rock an den Bund nähen, dabei liegt der Bund unten, sodass Sie die Kräuselung hier und da noch korrigieren können.

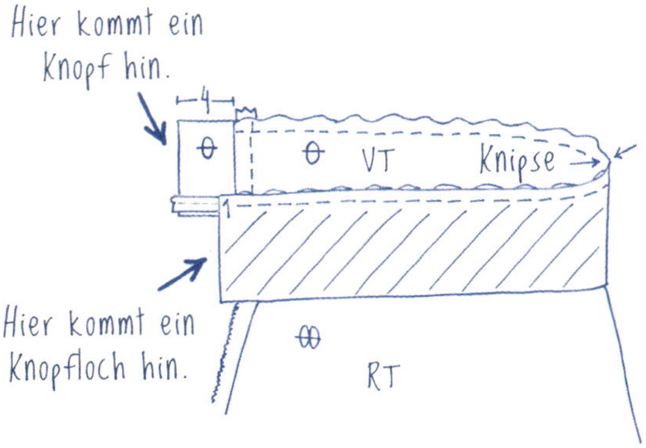

b. Den Bund an Vorder- und Rückenteil so falten wie in der Zeichnung und zunähen. Die Ecken abschneiden und den Bund wenden.

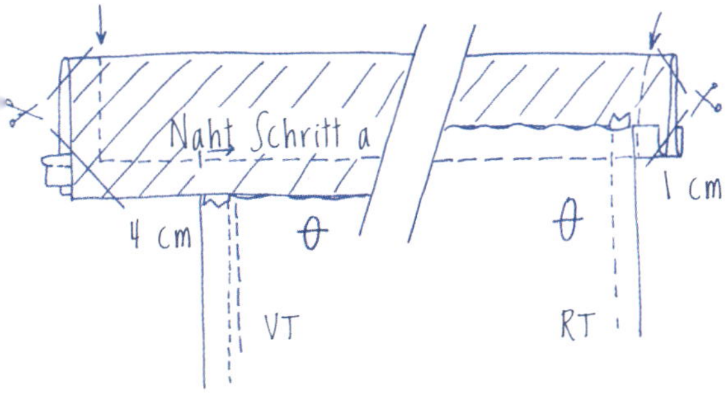

c. Die Bundnaht einschlagen und das Paspelband exakt über die Naht aus Schritt a legen. Den Bund neben dem Paspelband annähen. Die Anleitung zu Knopf und Knopfloch finden Sie auf Seite 81.

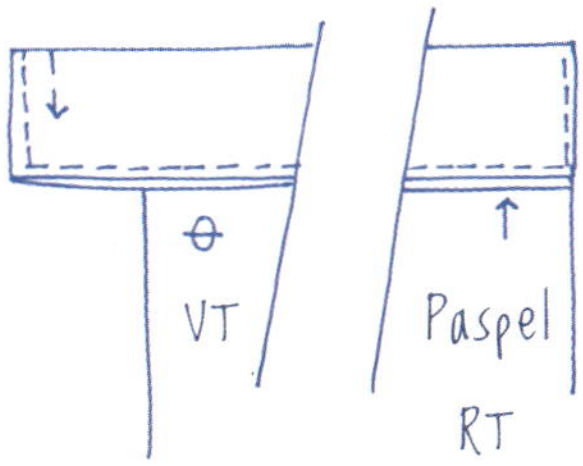

4. SAUM

Den Saum 2 cm umbügeln, nochmals 1 cm einschlagen, bügeln und annähen.

KRÄUSELROCK MIT KNOPFLEISTE

Wäre dieses Buch ein Näh- und Schnittkurs, könnte dieses Modell der Prüfungsrock sein. Alle Techniken, die Sie bisher gelernt haben, kommen bei diesem und dem nächsten Rock zum Einsatz. Dieser Rock ist eine Kombination aus Kräusel- und Glockenrock mit Knopfleiste. Sie führen zuerst die Schnittanpassungen für den Kräuselrock durch und ergänzen danach die Knopfleiste. Weil diese beiden Dinge schon erklärt worden sind – und Sie mittlerweile eine Menge Erfahrung gesammelt haben –, wird diese Anleitung ziemlich knapp. Die Seitenzahlen stehen dabei, falls Sie spicken wollen, aber ich weiß, dass Sie es auch so können. Kleiner Test gefällig?

SCHNITTMUSTERBOGEN

- A-Form Frauen
- A-Form Mädchen

SCHNITTTEILE

- Aangepasstes Vorder- und Rückenteil
- Bund, Länge in der Tabelle auf Seite 13 nachsehen, 5 cm für den Verschluss dazurechnen, 8 cm breit.
- 6 Knöpfe

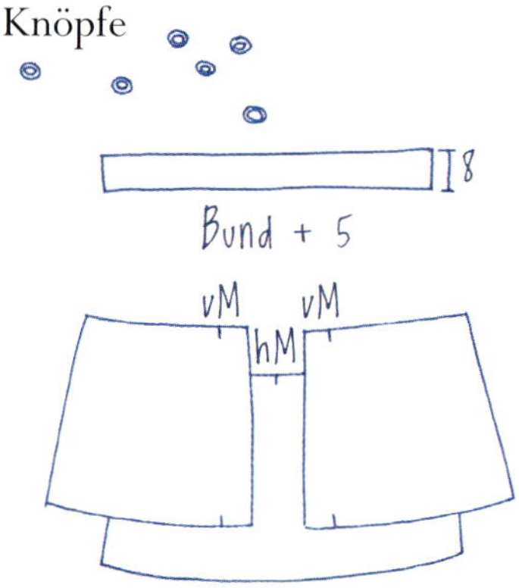

SCHNITTANPASSUNG

Schauen Sie für die Schnittanpassung beim A-Form-Kräuselrock auf Seite 137 nach. Zeichnen Sie an der vorderen Mitte 5,5 cm für die Knopfleiste dazu.
Die schraffierten Teile bilden zusammen das ursprüngliche Schnittmuster.

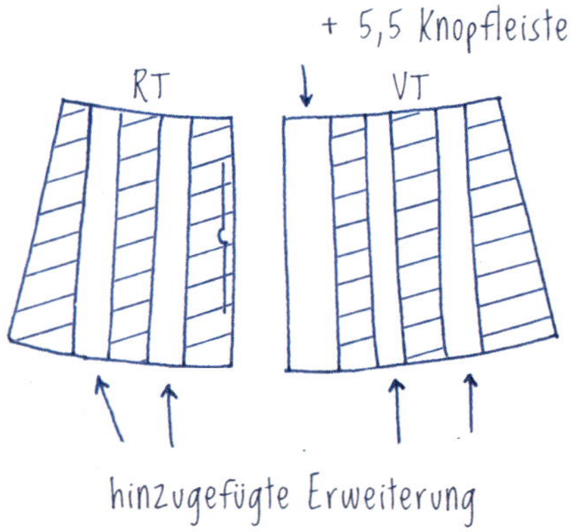

NAHTZUGABE

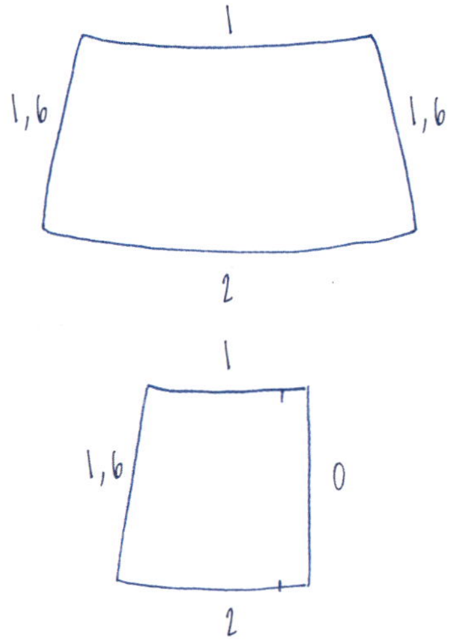

DER GROSSE TEST

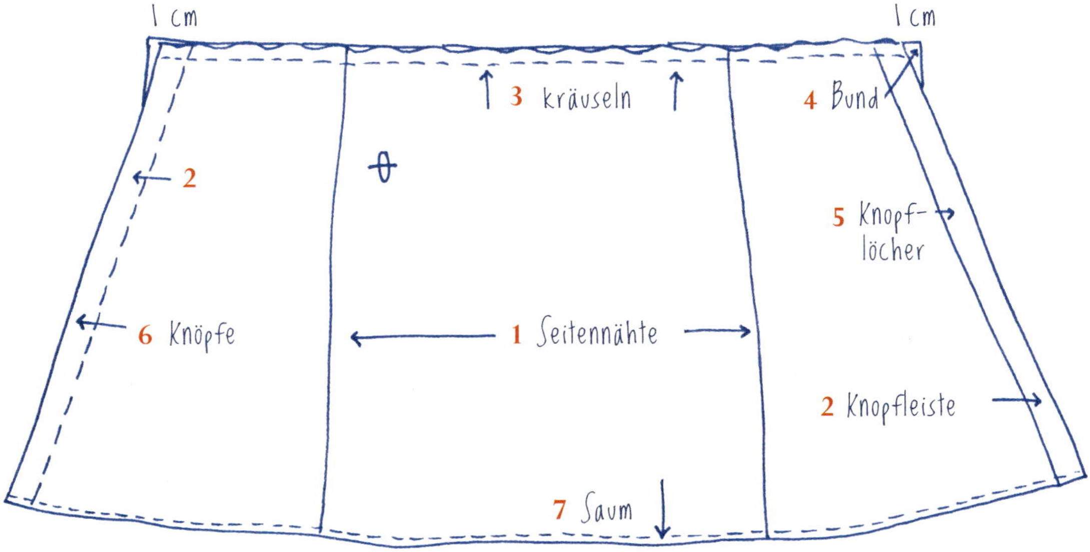

1. Die Seiten mit einer Französischen Naht zusammennähen. Spicken auf Seite 74.

2. Machen Sie an das rechte Vorderteil eine Knopfleiste und an das linke eine schöne, 3 cm breite Naht. Spicken auf Seite 90.

3. Den Rock am Bund mit einem oder zwei Kräuselfäden kräuseln. Spicken auf Seite 117.

4. Den Bund annähen. Spicken auf Seite 91.

5. Ein Knopfloch in den Bund und fünf in die Knopfleiste arbeiten. Spicken auf Seite 81.

6. Auf die andere Seite sechs schöne Knöpfe nähen.

7. Den Rock säumen, und hierfür müssen Sie schon lange nicht mehr spicken, sonst: Zurück auf Los!

Schnittanpassungen	/3
Nähen	/7
Gesamt	/10

ALL IN ONE

Das Abschlussstück, hier kommt alles zusammen. Wenn Sie das hinkriegen, ohne sich in den Finger zu nähen oder die Nähmaschine durchs geschlossene Fenster zu werfen, dürfen Sie eine Bank weiter nach vorn und bekommen von der Lehrerin Zsazsa einen Kuss.
Kräuseln, Paspel, verdeckter Reißverschluss, ein Futter und eine Schnittanpassung … in einem einzigen Rock. Das hört ja wohl gar nicht auf!
Alle Techniken, die hier vorkommen, sind zuvor schon wiederholt worden: Kräuseln kam bei den vorigen Röcken an die Reihe, einen verdeckten Reißverschluss nähen Sie in fast alles, ein Futter ist auch schon ein fast unverzichtbarer Bestandteil von einem Rock geworden und die Paspel, die stecken Sie von jetzt an doch überall dazwischen, nicht wahr?
Eigentlich „nichts Individuelles", dieser Rock, Sie merken es schon.
Aber trotzdem … das Meisterstück!

Dieser Rock sieht so gut aus. Sogar aus Stoff vom Flohmarkt kommt er daher, als sei er von einer schicken Marke. Los geht's, Sie müssen ihn einfach im Schrank hängen haben!
Da alle Stoffe, die ich für diese drei Röcke verarbeitet habe, recht dünn waren, habe ich immer ein Futter mitgenäht. In der Anleitung wird dieser Rock auch mit Futter erklärt. Wenn Sie lieber einen Rock ohne Futter nähen wollen, lesen Sie die Innenverarbeitung auf Seite 60 nach.

SCHNITTMUSTERBOGEN

- A-Form Frauen
- A-Form Mädchen

SCHNITTANPASSUNG

Wenn Sie den Kräuselrock von Seite 137 schon genäht haben, dann nehmen Sie den Schnitt wieder zur Hand und übertragen Vorder- und Rückenteil unterhalb der Beleglinie, den Besatz von Vorder- und Rückenteil übertragen Sie vom A-Form-Schnitt.

Wenn Sie ganz von vorn anfangen, pausen Sie beim Übertragen des Schnitts die Beleglinie mit ab und schneiden beide Schnittteile auf dieser Linie in zwei Teile.
Das obere Stück zur Seite legen und die Oberkante des unteren Teils in drei Abschnitte einteilen. An diesen Punkten parallel zur vorderen und hinteren Mitte senkrechte Linien bis zum Saum ziehen. Setzen Sie auch eine waagerechte Linie, die im rechten Winkel auf den senkrechten Linien steht. Den Schnitt auf den beiden senkrechten Linien zerschneiden. Einen großen Papierbogen nehmen und darauf eine lange waagerechte Linie ziehen. Die drei Teile auf das Papier kleben und jeweils 5 cm Zwischenraum lassen. Die waagerechten Linien auf Papier und Schnittteilen nutzen, um alles gerade zu kleben. Für das Rückenteil wiederholen.
Sie können natürlich mehr oder weniger Abstand zwischen den einzelnen Teilen lassen, um den Stoff mehr oder weniger zu kräuseln.

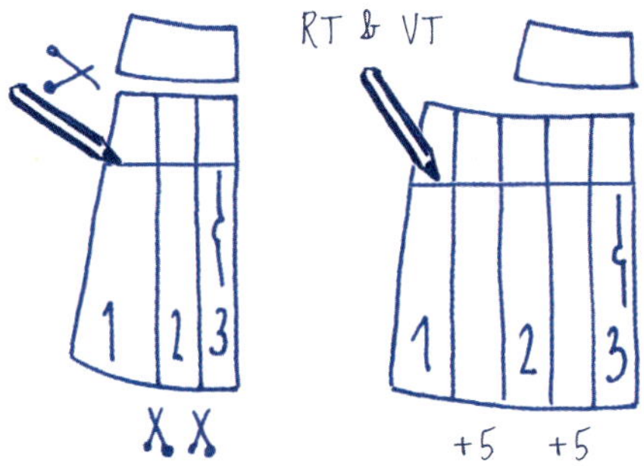

ALL IN ONE

SCHNITTTEILE

Bei diesem Rock verstärken wir den Besatz. So wird es einfacher, später das Paspelband daranzunähen.

Rock

- angepasstes, vertieftes Vorder- und Rückenteil
- Besatz Vorder- und Rückenteil, mit Einlage verstärkt, vM und hM mit Knips markieren.
- verdeckter Reißverschluss
- Paspel

Futter

- Beleg Vorder- und Rückenteil
- vertieftes Vorder- und Rückenteil A-Form
- Spitzenborte für den Futtersaum

Extrazubehör

- Fuß für verdeckten Reißverschluss
- Reißverschlussfuß

NAHTZUGABE

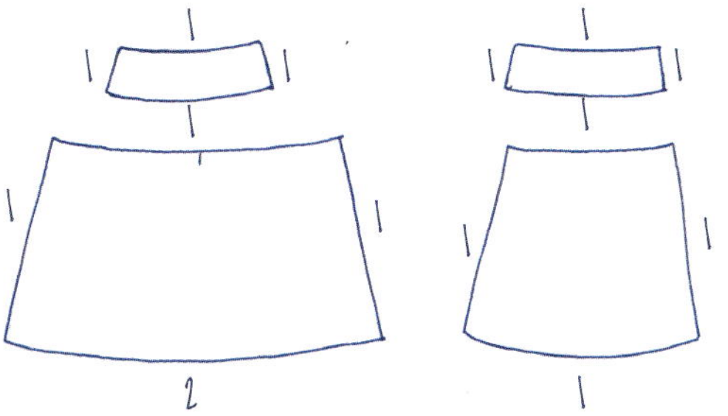

1. ROCK

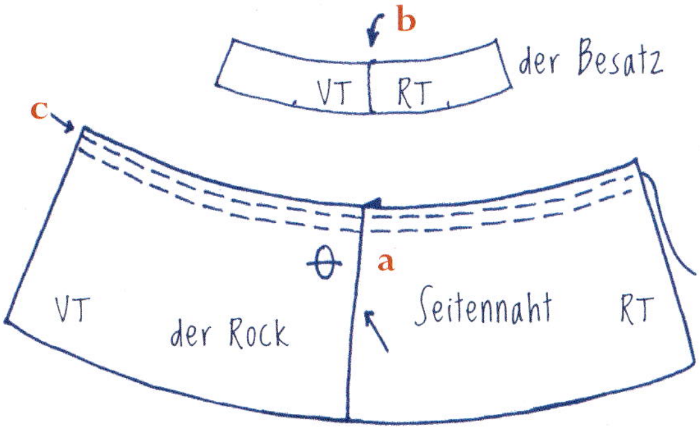

a. Vorder- und Rückenteil rechts auf rechts aufeinanderlegen, Vorderteil liegt unten. Die Seiten rechts Kante auf Kante legen und in 1 cm Abstand zur Kante nähen. Ränder versäubern und Nahtzugaben flach bügeln.

b. Für den Besatz wiederholen, jedoch die Nahtzugaben auseinanderbügeln; versäubern kann man, ist aber nicht nötig, denn verstärkter Stoff franst nicht aus.

c. Mit der größten Stichlänge in etwa 0,5 cm Abstand zur Oberkante der beiden Teile entlangnähen und 1 cm tiefer wiederholen (= Kräuselfäden).

d. Die Fäden der Nähte anziehen, sodass der Rock etwa so breit wird wie die Unterkante des Besatzes.

e. Mit dem Nähmaschinenfuß die Paspel an die Unterkante des Besatzes nähen.

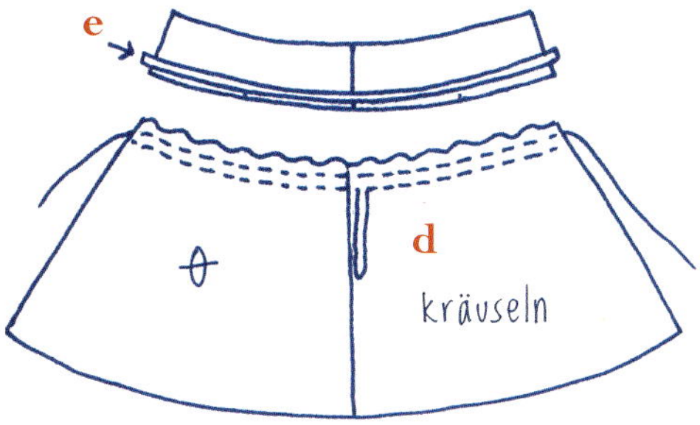

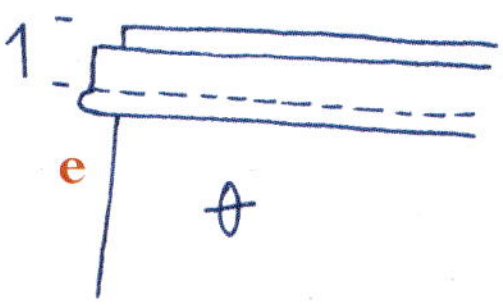

f. Den Besatz an den Rock stecken, rechts auf rechts, der Besatz liegt oben. Auf die Knipse achten und kontrollieren, ob die Kräuselung schön verteilt ist. Beide Teile zusammennähen, dabei in die Naht aus Schritt e stechen.

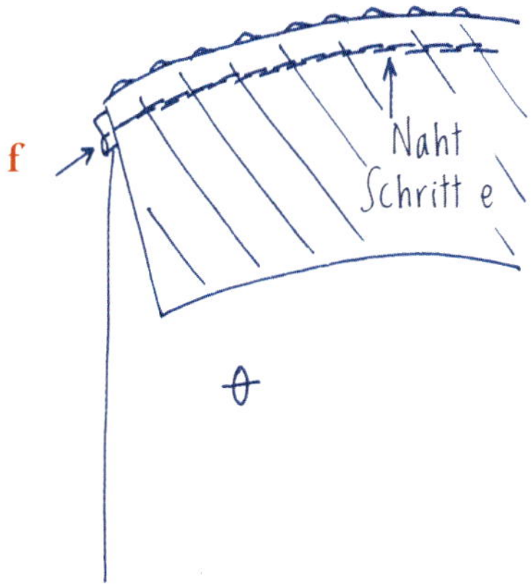

g. Den Besatz nach oben klappen, umdrehen und beide Nahtzugaben ebenfalls nach oben bügeln. Besatz absteppen, direkt neben dem Paspelband. Wenn Sie den Rock mit Beleg ohne Futter machen, kommt dieser Schritt erst, wenn Sie den Beleg an den Rock genäht haben.

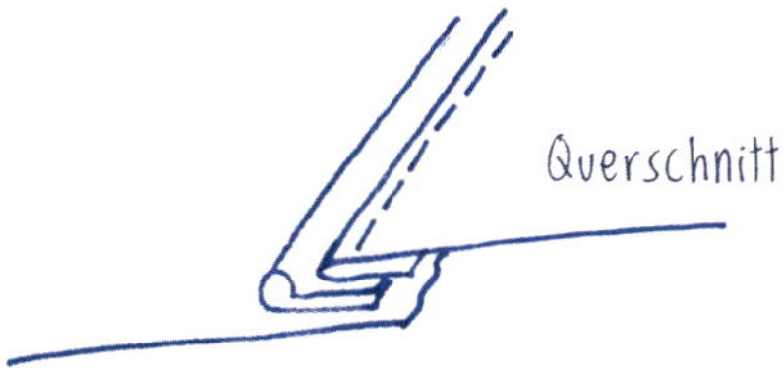

2. FUTTER

a. Vorder- und Rückenteil rechts auf rechts aufeinanderlegen, das Vorderteil liegt unten. Die Seitennähte links Kante auf Kante legen und in 1 cm Abstand zur Kante annähen. Die Nahtzugaben versäubern und flach bügeln. Mit dem Beleg wiederholen.

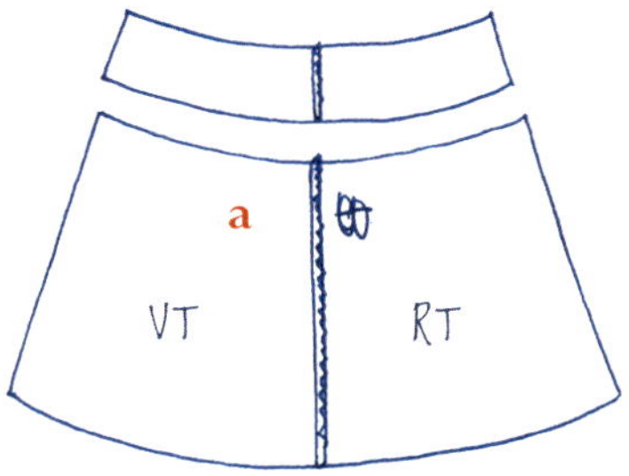

b. Beleg und Rock rechts auf rechts aufeinanderlegen und aneinandernähen.

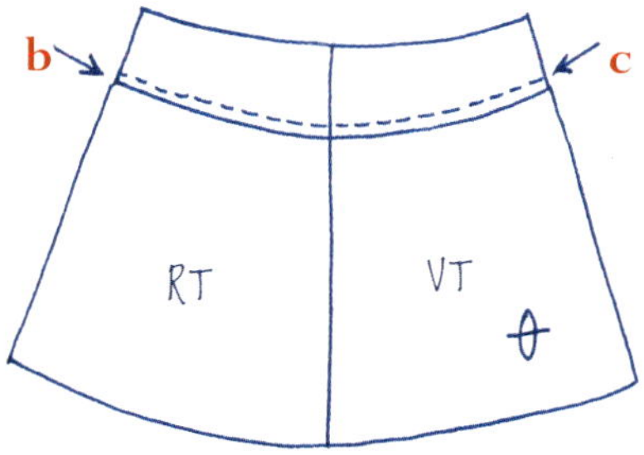

c. Die Nahtzugaben nach oben klappen und an den Beleg steppen.

3. DER REST

Fertigstellen wie die A-Form auf Seite 51 und zum Schluss die Spitzenborte unten ans Futter nähen.

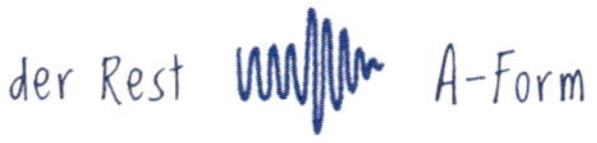

RAMONES
JOHNNY

FRITKOT
BIJ
EORGES
La cuisson des frites se choisit
à la graisse de boeuf
à l'huile d'olive
à la graisse d'oie

☆DIE MODELS

Lilith, Oona, Emmanuelle, Jinne
Dora, Ella, Luna, Léonie
Nora, Lola, Nika, Erin
Abel, Jef, Sverre, Nanko

GEORG

☆DANKSAGUNG

Merci Monsieur Zsazsa und Kinder, für die Geduld (Kinder) und die Unterstützung (Monsieur), ab jetzt bin ich wieder da und lese Bücher vor (Kinder) und lasse mich zum Essen ausführen (Monsieur).

Merci Eva, Bregje, Linde und Ilse für wiederholtes Nachlesen.

Merci Jo, Jipie, Stien, Annemie und meine herzallerliebste Jut, dass ihr mein Gejammer angehört und hunderttausend Fragen beantwortet habt. Merci auch für die Ehrlichkeit, zu der man euch meistens nicht ermuntern musste.

Merci Veronique für die schönen Momente der Reflexion, das Make-up, das Catering und das Rezept für die Pingupasta.

Merci Hilde und Sophie, dass ihr eure Garderobe ausgeliehen habt.

Merci Mädels: Nora, Dora, Ella, Nika, Lilith, Lola, Luna, Léonie, Jinne, Oona, Erin und Emmanuelle. Ihr wart die allerfantastischsten Fotomodelle.

Merci an die Brüsseler Zirkusschule, an Tour & Taxis und den Wiener Circus für die Gastfreundschaft.

Merci Patricia für die wunderbare Zusammenarbeit und das Vertrauen, das wir bekamen. O ja, wir ♥ Herman.

Merci Katrien für die tollen Aufnahmen hinter den Kulissen auf den Seiten 10, 34, 42, 121, 123, 140, 152, 156 und 159.

Merci Elza für die fabelhafte Zusammenarbeit. Wenn wir kein großartiges Team waren, dann weiß ich auch nicht!

Elza sagt auch merci an alle für die Unterstützung und Pardon an Herrn D., Ella und Nora für die lange Vernachlässigung. Ich werde es wiedergutmachen. Röcke für alle! Und merci Madame für die netteste, organischste Zusammenarbeit aller Zeiten und die vielen ausgelassenen Momente.

MERCI

☆REGISTER

IMPRESSUM

ISBN 978-3-572-08085-4

2. Auflage

Die belgische Originalausgabe erschien erstmals 2012 bei Standaard Uitgeverij unter dem Titel Allemaal Rokjes.

Texte, Zeichnungen, Entwürfe und Schnittmuster: Mme Zsazsa alias Kim Leysen
Layout und Fotografie: Elza D. alias Els Menten

Projektleitung dieser Ausgabe: Dr. Iris Hahner
Umschlaggestaltung: Atelier Versen, Bad Aibling, und Elza D.
Übersetzung: Martina Fischer
Redaktion: Thema Media GmbH & Co. KG, München
Satz: Els Menten
Herstellung: Sonja Storz

Das für dieses Buch verwendete FSC®-zertifizierte Papier *Profimatt* liefert Sappi, Ehingen.

MIX
Papier aus verantwortungsvollen Quellen
FSC® C005833
FSC www.fsc.org

Druck und Bindung: Těšínská tiskárna, Český Těšín

Printed in the Czech Republic